高难度沟通

[职场篇]

化解冲突、赢得信任的高阶沟通力

文娅 仲佳伟 / 著

北京时代华文书局

图书在版编目（CIP）数据

高难度沟通.职场篇 / 文娅，仲佳伟著 .-- 北京：北京时代华文书局，2019.9

ISBN 978-7-5699-3179-2

Ⅰ.①高… Ⅱ.①文… ②仲… Ⅲ.①心理交往－通俗读物 Ⅳ.① C912.11-49

中国版本图书馆 CIP 数据核字 (2019) 第 194185 号

书　　名 | 高难度沟通（职场篇）
GAONANDUGOUTONG ZHICHANGPIAN
著　　者 | 文　娅　仲佳伟
出 版 人 | 王训海
选题策划 | 蔺亚丁
责任编辑 | 徐敏峰
装帧设计 | 红杉林
责任印制 | 郝　旺
出版发行 | 北京时代华文书局 http://www.bjsdsj.com.cn
北京市东城区安定门外大街 136 号皇城国际大厦 A 座 8 楼
邮编：100011　　电话：010-83670692　　64267677
印　　刷 | 唐山富达印务有限公司
（如发现印装质量问题，请与印刷厂联系调换）
开　　本 | 880mm×1230mm　1/32
印　　张 | 9.25
字　　数 | 220 千字
版　　次 | 2019 年 10 月第 1 版
印　　次 | 2019 年 10 月第 1 次印刷
书　　号 | ISBN978-7-5699-3179-2
定　　价 | 39.80 元

序：做能化解冲突、赢得信任的成熟职场人

一

去年的初春，我们与朋友 Z 在北京燕莎 50 号散步。这是一个挺高端的办公园区，布局很美，环境也安静，里面既有资产可观的投资公司，也有刚起步的互联网公司。我们很喜欢在那儿散步。

朋友 Z 年近 30 岁，在国企、外企与民企都工作过，那时的他也正经历着一些发展的困惑。他问我们："你们有没有想过，在职场上，哪类人最吃香、最值钱？"

这真是个简单又经典的好问题。很多人的答案可能是：踏实肯干的人、高效专业的人、有人脉资源的人……我们夫妻俩曾经也有相似的想法。只是，置身在这个表面美丽，但每半年就会换一批公司的办公园区里，我们有感而发地回答道："最有价值的职场人，是那些能直面冲突，解决问题并赢得信任的人。"

朋友听后，若有所思。因为他的每一次换工作，都是希望能避开"冲突"，比如，避开"与老板的不合"，或是避开"与团队的矛盾"。

那时，我们正在构思这本书。时隔一年，也就是在本书完稿时，我们俩刚好过完我们职场生活的第一个十年。一直以来，我们都非常幸运：从大学初恋时在一起，共同进入一个专业领域学习、成长，相互陪伴。十年后的今天，文娅运营着自己的企业管理咨询工作室，佳伟则在全球最大的公关公司爱德曼管理着企业传播团队。同时，在过去五年里，我们还不断推出自己的作品。

朋友Z说："你们夫妻俩好棒啊，虽然也是普通出身，但真的做到了普通职场人没做到的事情。"

面对这些肯定，我们当然开心，也常常感恩不已。但是，这只是表象。如果这十年真是一帆风顺，就绝不可能让我们有开头的感悟。你能想象到，在本书写作过程中，已经是公司管理者的佳伟在与领导沟通时，会情绪崩溃到痛哭流泪吗？

现实中的我们，也亲身经历了大部分职场人都会经历的职场难题：从个人层面的能力缺陷、人情冲突到组织层面的业务变革、行业迭代等。同时，作为"咨询顾问"，身处中国当前快速变化的商业与职场环境里，我们不仅在亲身经历着这一切，还一直有幸观察、参与到其他人、其他组织的沟通难题中去。

所有这些经历，让我们切身体会到：职场生活并不容易，在冲突、变革中实现个人与组织的发展，才是恒定不变的主题。而要在这样的职场环境中生存下来，做出贡献，需要完善的心态、理念与能力。

而“高难度沟通”能力就是所有想在职场获得持续发展的职场人必不可少的硬技能。

这就是我们写作本书的初衷：我们希望所有努力向上的职场人，都能学会“高难度沟通”技能，勇敢面对职场的“高难度沟通”难题，并能化解冲突、赢得信任。

二

什么是“高难度沟通”？可能你之前对这五个字并没有太多概念，但你一定经历过这样的时刻：与领导争执，与下属吵架，与同事互怼，与合作方相持……这些都是现实中遭遇“高难度沟通”的例子。

只不过，有些人在经历了这些不愉快后，很不幸地被这些难题打垮了，从此变得懦弱怕事，爱抱怨，不耐挫折，最终成为职场上的“loser”；而有些人，则在遇到难题时保持冷静，直面困境，锐意进取，安心学习，训练技能，磨砺品性，最终不仅解决了冲突，还与对手、敌人、意见不合者结为同盟，成为朋友，建立起坚固的信任关系。

很显然，只要你在职场上有所追求，我们相信你也一定想成为后者。你可以想象一下，当一个人工作了五年、十年，甚至更长时间，但不具备直面冲突、协调冲突、解决冲突的能力，在当下的职场环境中是多么可怕！

和你一样，我们也关注后者。在这本书里，我们会为你呈现“高难度沟通”能力在现实职场中是如何发挥作用的，同时，也会分享给你背后的科学理念与实践技能。它包括三大部分：

- 第一部分，你将读到我们对“高难度沟通”的本质解读，应对它所需要的“脑”“心”“嘴”三层能力，以及三者之间的关系分析。
- 第二部分，你将学到应对高难度沟通时需要掌握的五大技能模块。它们涵盖了从沟通目标的梳理，到对沟通双方情绪的管理，以及将艰难对话推进的具体技能与例句。
- 第三部分，你将看到四个职场上最典型案例的现场还原。这四个案例涉及领导、下属、同事及合作方四类沟通对象，涵盖对上、对下、对内、对外四种关系。你可以从这四个案例中清晰地看到前两部分的理念与技能是如何在现实中应用的。

在本书最后，我们分享了“怎样才能高效地学会沟通类的软技能？”这一实践话题，同时也把与“高难度沟通”相关的方法、案例做了索引，方便你平时快速参考。

总的来说，我们希望本书能延续我们之前出版的作品一样的特点：体系严谨，上手就用。

三

有朋友问我们："你们每天的工作就已经够让人心烦的了，还有时间构思和写这样一本书，是不是也会不开心？"

的确，每次写作，对于我们来说，都会经历一个痛苦的过程，因为在写作过程中，我们会不可避免地回忆起自己曾经历过的那些高难度沟通的不悦情景，比如被迫劝退下属、与老板争论、与客户争吵等。但另一方面，我们也倍感欣慰，因为写作本身就是一个更好地认识自己，认识这个世界的方式。在本书的写作与梳理过程中，我们清晰地看到自己从面对高难度沟通时的无所适从，到如今的沉着应对。即使再经历类似的情形，我们依旧能快速地修复关系、建立信任，还能将其梳理成体系，并分享给所有热爱学习、追求上进的朋友——这是何等的幸运！

本书中的所有案例，均源于真实的一线经历（为了保证隐私，所有人名均为化名，场景也经修改）。当你开始阅读时，本书的内容可能会促使你想起自己工作中的不安与焦虑。但是，朋友，我们希望你能把自己置身在职场长远发展中来应对眼前的痛苦——无论你是在国企、事业单位上班，还是在外企、民企工作，或是选择自己创业。

为什么？因为当我们在步入职场的第十一个年头，再回头去看职场之路时，我们越来越发现，职场发展其实是从“个人高效”到“管理合作”，再到“领导变革”三个阶段交叉成长的交响曲。我们非常清楚地知道自己也刚处在第二与第三个阶段的过渡阶段中，但在写作时，我们一直希望在给你应对眼前问题的各种“干货”的同时，也能为你呈现在职场中一路往上走时，真正需要的核心眼界与素质：应对与化解冲突、广泛建立信任。

同时，我们也想善意地提醒你：“说”与“做”从来不分离。本书的重点在“高难度沟通”的技能上，即使你了解了本书中化解沟通冲突的技巧，但如果你不把这些技巧用到实际生活中，你依旧解决不了问题，建立不起信任。因此，“知行合一”，才是学会“高难度沟通”，享受“高难度沟通”的唯一正道。

我们相信，“高难度沟通”能力将是贯穿职场发展的关键能力之一，也是一项永远有精进空间的能力。我们自己也还在继续学习与摸索。也正因为如此，我们非常感谢多年前发掘我们的“高情商体系”，并出版我们第一本书的巨凤老师及其团队，以及后来陆续出版、上线我们作品的中信出版社、圈外商学院、“在行”、插座学院等平台的老师与朋友们。我们也特别感谢时代华语国际的蔺亚丁老师，让本书得以出版。

当然，我们最想感谢的还是在过去十年中所有支持、帮助、指点过我们的老师、领导、同事及朋友们，是你们让我们夫妻俩能在每天的平凡工作与生活中，感受、创造并分享出不平凡的一切！

最后，如果你在阅读本书的过程中，有任何意见、建议，或想与我们交流，欢迎关注我们的公众号（皮皮仲与娅娅文），或来“在行”与我们交流。期待你的进步！

文娅 仲佳伟

2019 年 5 月，于北京

目　录

第一部分：认识“高难度沟通”

遭遇“高难度沟通”状况是一种怎样的体验？

我们既是“高难度沟通”的经历者、受害者，也是脱身出来观察别人如何应对“高难度沟通”的咨询顾问，无论是哪种视角，我们发现：当人们遭遇“高难度沟通”状况时，大部分人都会丧失理性，被情绪牵着鼻子走；而在经历完“高难度沟通”之后，大部分人会痛苦、委曲，想逃避，甚至想“报复”……

总之，理性、逻辑、信任等正确且有价值的东西，都会离得远远的。

这是为什么呢？从本质上来说，还是因为我们对“高难度沟通”缺乏科学的认识——比如，因为对“高难度沟通”的表现形式不了解，对它的引发机制不清楚，所以很容易把普通对话聊成了“高难度沟通”；再比如，“高难度沟通”其实是你和影响你职场发展的关键人士建立信任关系的机遇，如果把握不住这个机会，你就不可能发现它的价值。

当然，更重要的是，如果你不了解应对“高难度沟通”背后的科学框架，不了解它对“心”“脑”“嘴”三个层面的能力需求，就不会正确评估自己在哪方面出了问题，更不知道从哪里下手去提升自己。

这些就是本书第一部分要讲的内容。有了对这些内容的理解之后，我们将在第二部分进入落地技能的学习中。

第一章　科学认识“高难度沟通”

你是否会相信，本书的作者之一，已经进入到职场第十年的佳伟，竟然会在与他的老板沟通中失声痛哭？

作为一名男性，在老板面前痛哭，你可能会觉得“太尴尬、太丢脸”，的确，佳伟刚开始也会有这样的情绪与想法，但后来，他却对这件事充满感激。

为什么呢？因为他通过那次与领导的“高难度沟通”，释放了压抑很久的情绪，勇敢地向老板袒露了内心真实的声音；反过来，他也得到了老板的进一步理解与支持。最重要的是，他们俩之间的信任关系又加强了很多——这对佳伟在今后的职场发展中承担更大责任、凝聚更多支持很有帮助。

当然，他能变“高难度沟通”为自己成长的机遇，离不开他对“高难度沟通”的认识和理解。

什么是高难度沟通？

踏入职场，你有没有发现自己开始经历各种各样奇特的糟心事？而这些糟心事中，可能十之八九都是因为沟通引起的。

- 你给下属的PPT提了一个你说过很多遍的格式意见，他非但没听进去，还与你针对需不需要注重格式这样鸡毛蒜皮的问题而吵了起来。
- 你的团队这一年一直在超负荷工作，于是，在新财年开始前，你尝试向老板张口要更多人手，结果老板非但没给你加人，反而还给你加了很多活儿。你忍了半天，实在憋不住，便与老板争执起来。
- 在一个跨部门的合作项目中，眼看项目即将到期，进展却缓慢，你急得火烧眉毛，但别的部门就是不给力。面对这样的“猪队友”，你不得不每天花大量时间催促别人加快进度。说理不行，强推也不行，最后被逼无奈撕破了脸。

如果你也经历过这些沟通场景，相信你就能体会到它们给你带来的压力。它们不仅会让你生气、失望、紧张，还会严重阻碍你做事的进度，更会影响你与对方的人际关系——这类沟通难题正是“高难度沟通”。上述三个例子，其实也是“高难度沟通”的三种典型场景。

职场“高难度沟通”的三种典型场景：冲突、争取、推进

我们不妨来认识一下“高难度沟通”的这三种典型场景，以及它们的负面作用。

第一个例子是“高难度沟通”最常见的一种场景——“冲突”。工作中，人们经常会因为立场不同、观点不同、理解不同、优先级不同等原因产生争吵、互“怼”。这种“冲突”会大量消耗对话各方的能量，让沟通偏离原定的目标与方向，最后导致沟通失败。可以说，这种高难度沟通是职场沟通最常见的难题。

第二个例子是你向老板争取资源，其实代表着另外一种很常见的“高难度沟通”场景——“争取”。争资源、争预算、争人力、争先后，工作中，无论是在公司内部还是外部合作，免不了要“争取”很多东西。当然，“争取”的对象也不一定是你的老板，也许是跨部门的领导，或者是与你平级的同事，甚至可能是你自己的团队及下属。无论是哪一种情况，很多时候这种“争取”的对话如果谈不好，结果经常是非但没争到资源，还让双方甚至多方不开心。

第三个例子是你想推进部门协作，它代表着第三种很常见的“高难度沟通”场景——“推进”。如今的工作，很多都需要跨公司、

跨部门、跨团队协作推进。协作一多，在进度安排、角色分工、资源调配等方面就会出现很多矛盾。如果你是项目负责人，就不得不天天把大量时间花在推进各方的工作上。这类对话一不小心就会变成扯皮，不仅严重影响项目的进度，也会伤害团队间的关系。

在现实职场中，要想解决以上每一种沟通难题都不容易。如果处理不好，不仅会把宝贵的时间浪费在各种“扯皮”上，还会严重影响自己的情绪与专注度，损害自己在组织中的各种关系，最终影响到自己的职业发展。

为什么高难度沟通那么难处理呢？

不管你是否愿意承认，很多职场人都不喜欢，甚至害怕面对冲突，更别提直面冲突了。在上述三种情形中，就恰恰需要我们去直面冲突，解决冲突。这个问题，对于那些有过几年职场经历，正逐渐步入管理岗位的朋友来说尤其如此。

对很多职场人来说，相比单纯地做事，解决沟通，特别是“高难度沟通”问题实在太难了。举个例子：你怎样才能在别人情绪激动地与你吵起来时，快速扑灭对方的火气，还能把对方给聊顺、聊开心呢？

要解决类似这样的问题，就得理解“高难度沟通”难以进行的原因。

引起“高难度沟通”的三层原因

“高难度沟通”之所以难，有三层原因。同为沟通专家的道格拉斯·斯通与希拉·汉在他们的经典作品 *Difficult Conversation*[①] 中，比较完整地梳理了“高难度沟通”背后的三层原因，它们由浅入深分别是“理解分歧”“情绪干扰”与“认知危机”。下面是我们夫妻俩基于学习及自己的咨询实践总结的三层原因。

第一层原因是“理解分歧”。对同一件事，沟通各方的理解很不一样。

像前面提到的第一个场景，为什么你的下属会与你针对是否要注意格式而吵起来呢？很可能是因为你们俩对“格式”的重要性理解得不一样。你觉得格式是专业性和做事态度的直接体现，而你的下属可能觉得格式压根并不重要，觉得你作为他的领导，不好好看他辛辛苦苦做的报告内容，整天抓着细枝末节的格式问题不放，有什么用？

你看，这种“理解上的分歧”就是这么出来的，它也直接导致普通的对话恶化升级成了“高难度沟通”。

① 中文版译名为《高难度谈话》，由光明日报出版社 2014 年出版。

职场常见理解分歧示例

常见概念		领导的意思	下属的理解
人	主动	有责任意识，积极承担更多责任	自觉加班
	专业	业务能力强、细心周全	业务能力强
	成长	各方面能力有所提升	升职加薪
钱	预算有限	把钱花在重要的地方	砍价
	优惠一些	更低的价格或得到更多的产品	降价
	按标准报价	按行业平均标准	按以往合作标准
事	高效	又快又好	快
	及时	1 小时内	1 天内
	推进	有实质的进展	催一催

第二层原因是“情绪干扰”。说白了，就是一旦吵了起来，自己完全被“情绪”绑架，只想吵赢，各种难听、不当的话都脱口而出了。

相信你自己也亲身体会过沟通中情绪的干扰作用。比如：

你正在部门会议上发言，谈的是你辛辛苦苦、加班熬夜在推进的项目。你原本想让领导及团队体会你的不容易，从而获得更多的支持，结果你的领导非但没有表达出任何感谢、体恤的意思，还不断打断你、质疑你。你本来还想控制一下情绪，结果在场的同事也开始附和领导挑你的刺，你终于控制不住情绪，由委屈变为愤怒，当场就与领导吵了起来。原本是想争取资源的沟通，变成了你与整个部门的争吵。原因就是你在被那么多人“挑战”时，管不好情绪，“腾”地一下着了火。

又比如：

你手上一下子进来了三个新项目，但人手却没有增加，你担心团队如果长时间超负荷工作，积极性和工作质量会下降，最终影响项目效果，所以想和领导沟通多调配一些人来帮忙。可是领导听了你的理由，非但没提增员的事，反而说起客户最近对你团队的抱怨增多，让你加强团队管理，要学会激励团队、提高团队的工作效率。你心里委屈，觉得这还不都是因为人少活儿多嘛，但又畏惧领导的威严不敢反驳，怕越说越错，只能闭口不言，任凭领导“教导”。

在高难度沟通中，类似这样的情绪波动，有可能会让你和对方产生爆发式的争吵，也可能会使你们陷入沉默、中断对话，最终造成沟通完全脱离正题。

第三层更深入的原因是“认知危机”。这个原因听上去稍微有些抽象，简单来说，就是在对话中，有人否定你，让你的认知发生了变化。

你内心中对自己的认知，基本决定了你外在的言行。一般来说，每个人都会本能地觉得自己是对的、好的，比如，我是一个好主管，我是一名好员工等等，但同时又会担心自己在别人心目中的形象，并没有那么好。这种心理藏在人与人沟通的背后，它非常隐蔽、不易察觉，但是一旦被打破，就会造成“认知危机”，从而激起情绪，并影响你或对方看待事物的客观性。比如：

你虽是一名新晋的团队主管，但因为晋升之前就一直在学习如何高效管理团队，平时也花了很多精力在培养团队上，自认为已经是个合格的团队主管。可是，在年中评估时，你的领导却说：“小李啊，你的团队管理能力还得加强啊！你团队里的几个小伙伴都跟我反映，你不太会激励人，他们跟着你工作觉得很累。我也觉得你们团队氛围不太够，你这个小领导得多花点心思。”你一听就急了，对领导喊道：“难道我花那么多精力培养团队更加高效、专业，提升业绩是做无用功吗？还是您觉得，小朋友们成天嘻嘻哈哈就能好好干活啦。”领导一听，完全不知道为什么给你提个建议，你的反应会那么大。

其实，领导的那句话，可能一不小心打破了你内心中对自己的正面认知，让你觉得他是在指责你不够尽心尽责，没有能力管好团队。

在这种情况下，就会直接导致冲突，把你们的对话带入到高难度沟通中去。

简单总结一下：在现实中，以上三种因素一般会综合发生作用，导致普通的对话变成高难度沟通。比如，“理解分歧”会带来“认知危机”，最终导致“情绪失控”；“情绪失控”也可能反过来带来“理解分歧”，最终引起“认知危机”。

无论是什么原因引起的高难度沟通，如果你不能及时地处理好，短期内会让你工作受阻、心情受挫，长期积累则会酝酿出更大的职场危机，即信任透支、人品崩塌等。

为什么应对高难度沟通只能从自己入手?

在碰到职场沟通难题时，你会觉得自己是一名“受害者”，倒霉地碰到了糟糕的领导、团队或客户吗?

在我们的咨询经历中，每当聊起职场中的沟通困境时，很多学员都有这种心理，认为自己虽然在沟通上有待提高，但主要问题不在自己，而是在自己的领导、客户，或者觉得公司的架构、流程实在太不合理。总之，“问题不在我，而在于别人、在于环境”。

但真的是这样吗?

作为一名成熟的职场人，我们不能犯非黑即白式看问题的毛病。

在这个问题上也是如此。这几年，通过与各种不同类型的公司的密切接触，我们发现：要想真正解决职场上的高难度沟通难题，组织及个人两方都需要投入；但是，如果你想在职场获得顺畅发展的话，首先得从自己身上找原因。

企业中的高难度沟通，组织与个人都有责任

我们来看两个案例：

陈总监供职于国内某知名基于生活方式分享而快速发展起来的电商平台的市场拓展部。他加入公司已经两年多，但最近却碰到了沟通难题：他觉得自己的直属领导不信任他。同样的一份报告，他向领导汇报，领导会挑一堆问题；但如果是他的另一位平级同事去汇报，很可能换来的是表扬。加上几次关于专业问题的争吵，陈总监与这位新领导的关系就变得很尴尬。这让他非常郁闷。

在经历了小半年这样的状态后，陈总监找到了我们。深聊之后我们发现，陈总监自身的沟通能力非常不错，但他对自己的要求很高，心思也比较重，对领导的反馈非常敏感。因为他的直属领导是新调来的，他一直找不到与这位领导比较好的相处方式，所以非常苦恼。

这位新领导虽然是空降来的，但与公司创始人有很深的交情，做事不按套路出牌，有明显想培养自己团队的意思。公司的员工看

到了这层意思，也就开始跟风、站队，开始巴结这位新领导。而像陈总这样在这方面动作慢一些的员工，就遭遇了新领导的“小报复”。而正好陈总监自己又比较敏感，觉得自己的沟通出了大问题，从而精神上有很大的压力。

事情也巧，正当陈总监发愁不知该如何解决问题时，这位新领导离职了。此后，陈总监开始与另一位领导开始合作。两人磨合了一个多月，工作就开展得非常顺畅了。原来困扰他的问题，也就自然化解了。

事实上，类似于陈总监这样的案例并不少见。在找我们咨询的中层管理者中，有一半以上的案例都是与自己直属领导的相处问题。当你深入去了解这些问题背后的核心原因时，你会发现，他们所在的公司或组织都是那种发展特别快、管理跟不上的创业型公司。公司没有基本的沟通机制，团队管理也不正规，基本上是一个领导带几个兵，风格、规矩都由领导定。更可怕的是，在这些公司中，管理者（比如创始人、高管团队）本人的沟通技巧就不成熟，很多都是缺乏精细化管理经验的“年轻高管”，除了动不动就谈狼性文化、野蛮生长外，根本不具备管理能力。

在这样的组织文化中，是根本谈不上“沟通”二字的。作为商业顾问，我们发现无论是对个人，还是对组织，缺乏沟通文化的代价是巨大的。这种情况下，公司的创始人或高管团队，对于组织沟通文化的打造负有很大的责任。如果他们始终不正视公司沟通机制的建立，以及沟通文化的养成，那么类似于高管离职、员工满意度低下等常见问题，也会成为这些公司的问题；但反过来，如果他们开始重视起沟通这件事，通过制度的建立及高管们个人的投入与努力，就能从源头上解决企业中的高难度沟通难题。

读到这里，你可能会说：糟糕，我所在的公司就是这样，看来问题并不在我，我该怎么办？我是赶紧离职，还是等着老板们重视起沟通这回事来呢？

主动去解决高难度沟通难题，是成熟职场人的明智选择

与其他职场难题一样，即使你发现挑战的起因不全在自己，要想解决难题，还得先从自己入手。为什么？答案很简单：你是自己职场发展的主人，如果你主动去解决问题，那么至少有一半的概率能将问题解决掉；但如果你等着别人来解决问题，那非常有可能你被解决掉。

我们不妨再回到陈总监的案例中，来深入地分析一下：

虽然陈总监的沟通难题，随着领导的更换而化解了。但在这个过程中，陈总监并不是完全被动地等待问题被解决，相反，他开始

主动学习高难度沟通的技能，并且在与领导沟通时不断地去练习和使用。

陈总监学习到的一个技巧是变“指责”为“归责”。它是我们教他应对领导不实指责的一个方法，可以主动把对话的方向从“被批评”，引向解决问题的讨论。这个方法虽然好，但它需要强大的心理以及情绪管理能力作为前提。没有经历一定的训练，是根本用不起来的。

陈总监在学了这个方法之后，就开始磕磕绊绊地使用起这个方法。虽然并不是每次都能顺畅使用，他与新领导的关系也依旧有些僵硬，但至少在对话现场，陈总监能够将对话引导到自己想要的方向上去，他的工作也因此顺畅了很多。

面对问题，不坐以待毙是所有优秀职场人的共同特点。在与陈总监交流的过程中，我们问他为什么要坚持学？他跟我们分享道：

不管我以后是继续跟这位领导，还是换领导；也不管以后我还在不在这家公司，我学会的能力是跟着我自己走的。另外，如果你能够换一种视角看问题，你会发现：所有眼前这些问题，都是我练习的现实机会。

的确如此，哪有比在真实的高难度沟通环境中，有计划、有方法地修炼自己呢？在我们的咨询经历中，我们发现有很多这样的例子。他们知道要想在当今职场化解冲突与矛盾，离不开高超的沟通与处事能力。而沟通的核心是以真正高情商为基础的“高难度沟通”素质与技能。有一天，你会发现：直面冲突，解决问题，推进工作，几乎会成为你职场上前进的唯一状态。你做得好，它就会成为你顺心、成功的常态，给你源源不断的动力，并为你累积越来越多的务实做事能力；反之，你可能会发现无论走到哪里，都做不好一件事。

本章总结

- 我们每个人都经历过高难度沟通，它有三类典型场景，分别是“冲突”“争取”“推进”。如果处理不好，不仅会让你生气、失望、紧张，还会严重阻碍你做事的进度，更会影响你与对方的信任关系。
- 高难度沟通之所以难，有三个原因，它们由浅入深分别是“理解分歧”“情绪干扰”与“认知危机”。在现实中，这三种因素一般会综合发生作用，导致普通的对话变成高难度沟通。
- 作为成熟的职场人，主动解决高难度沟通难题是明智的选择，它是你职场进阶的关键技能。

第二章　成功应对高难度沟通的科学框架与三个关键

我们有一位学员Z小姐，她来自所谓“996”的互联网公司，自己也刚当上妈妈，每天的工作与生活节奏快到令人抓狂。她之所以找我们，是因为她发现自己与比她年纪还小的上司沟通起来越来越难，经常会陷入争吵或僵持状态中。

Z问我们：“有没有什么方法可以快速、马上解决这个问题？”

我们回答：“你其实知道答案。对吗？”

Z小姐静下来一阵，然后说：“是的，的确没有什么方法可以快速、马上解决问题。”

那时，已是晚上8点多。昏暗的咖啡厅里，依旧人声喧闹。我们能感受到她的焦虑与沮丧，也知道自己能帮到Z，只是希望她能对职场上的沟通提升有一个客观的认知。于是，我们告诉她：“虽然不存在解决高难度沟通问题的捷径，但它是一个专业领域，有科学框架，也有抓得住的关键领域。你只要在认知上遵循科学规律，并在实践上抓住关键技能，就能高效地学习高难度沟通。”

然后，我们为Z小姐呈现了高难度沟通学习的一个科学框架与三大关键技能。这就是你将在这章看到的内容。

一个科学框架：高情商金字塔

看到这个标题，你可能会觉得有些诧异：咱们明明是在说高难度沟通，怎么又和“情商”扯上了呢？

别着急，在了解“高情商金字塔”之前，我们来简单梳理一下与高难度沟通密切相关的几个逻辑。

高难度沟通最讲究的是“开口说”的本事，但要在高压环境下顺畅地“开口说”的前提是什么呢？基于很多人的现实反馈，我们发现它需要三个前提：

- 第一：高超的沟通表达技巧，比如，在敏感话题的交流上，怎样说才能确保说出来的话既不激怒对方，又能把话说明白？
- 第二：强大的情绪管理能力，比如，在双方将要吵起来的情况下，如何既能保证自己情绪稳定，还能让对方也变得冷静，专注问题的讨论？
- 第三：明智的分析选择功夫，比如，一句话，是不是要告诉对方？

是不是要在此时此刻告诉对方？以什么样的语气告诉对方？

理解了“开口说”背后这三层技能需求之后，你才能理解为什么一方面没有立即、马上解决高难度沟通的方法，另一方面，即便高难度沟通再虚、再抽象，它也是能被科学拆解、一一掌握的。

同时，你有没有发现，这上面三层技能，或多或少与情商有关系？没错，它们全部是真正高情商人士所需具备的技能。

为了方便你理解，在这里我们需要引入一个科学的框架，它就是“高情商金字塔”[①]（见下图）

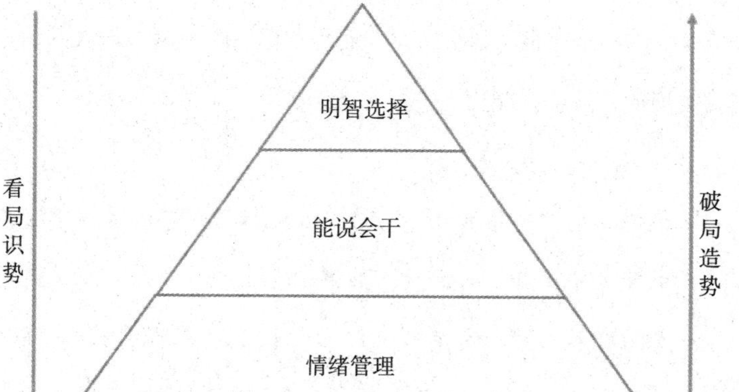

高效沟通，离不开从情商入手的三层完整训练

① 引自《高情商沟通》，仲佳伟、文娅著，中信出版社，2018年7月.

“高情商金字塔”是我们夫妻俩这几年进行职场沟通、思考能力研究与写作的主要理论框架。它像拍照时的方格线一样，为我们处理类似“高难度沟通”这样的抽象难题提供了一个可参考的框架。

这个框架最早的原型出现在 2015 年左右我们在豆瓣阅读上出版的付费专栏中；它获得了当年豆瓣阅读的小雅奖。后来，在我们出版的《能说会干：开启高情商的精进之路》一书中，逐渐成形。直到今天，我们依旧非常感谢中国铁道出版社的巨风老师，是她通过阅读我们的专栏，发现了这个模型的价值，使得它得以出版、迭代至今。

接下来，我们为你简单介绍一下这个金字塔结构。所谓真正的高情商，并不是花言巧语会来事，而是目标清晰地赢取他人的信任，进而实现成长的综合能力。它由三层组成：

- 最底层的“情绪管理”，是指在说话与做事的过程中对情绪的管理。比如，焦虑时，如何让自己冷静下来；压力大时，如何释放压力；害怕时，如何让自己变得勇敢等。对高难度沟通来说，“情绪管理”是一个很重要的基础。
- 中间层的说与做，用“能说会干”四个字就能概括。它的直接体现是高超的说话与做事技能，但背后的关键是，所有的说与做都有明确的目的；其终极目的是赢取职场中关键人士的信任。

- 最顶层的“明智选择”是判断与分析的能力，说得再深刻一些，是一种看清“局”与“势”，并能破局、造势的能力。它考验的，全都是人的思考能力。

大家可以看到，这三个层级环环相扣，又层层递进。每一层的训练，也都与另外两层的练习密切相关。高难度沟通是这个体系中的一项应用。一位具备高难度沟通技能的职场人，虽然外在表现上是人们眼中的“能说会干”，但他一定具备常人看不到的“情绪管理”与“明智选择”的能力。简单来说就是，他的心、口、脑都超厉害。

当然，不同的专家、学者会有自己看待高难度沟通的视角与方法，但背后的本质是一样的。

三大关键层面：兼顾脑、心、口的训练

学会高难度沟通需要掌握的三大关键层面分别是：

- 脑：基于严密的判断与分析，设定明智、务实的高难度沟通的目标。
- 心：在高难度沟通中，管好自己的情绪，同时也能疏导、调

动对方的情绪。

- 口：无论对话有多艰难，都能坚定、有韧劲地引导、推进。

沟通目标：躲开虚假目标的陷阱，挖掘并守住真实目标

对于没有经过沟通训练的职场人来说，他可能觉得“沟通目标”这个概念很模糊。在高难度沟通之前，几乎很少人会有一个清晰的“沟通目标”。

那么，到底什么是“沟通目标”呢？

所谓“沟通目标”，是指你为了实现什么而与对方沟通。在现实的职场中，沟通目标有很多种，比如想引起对方的重视、想澄清问题、想达成共识等。最终的结果是，实现某种具体的利益，并与对方建立起信任关系。

可以说，“沟通目标”就像是你开启导航时设置的终点，它有终极的地点，也有途经的地方；它可以由不同的路径达成，过程中也允许暂时的偏离，但殊途同归，最终一定会到达目的地。否则，沟通就会不可避免地失败。

然而，在现实职场中，你有没有发现：你嘴上说的话，很多时候与你心里想说的话并不一样。比如，你明明想解决某个具体的问题，但就是常常控制不好自己，从而经历下面的情况：

- 为了争个对错，话不超过三句就吵了起来；
- 为了维持自尊，违心的话没过脑子就说出去了；
- 为了顾全双方的面子，明知道要把话说明白，却选择了沉默。

我们也曾经经历过很多这样的事，比如，在公司里，我们是公司的核心业务部门，但几乎每个人都和财务部门吵过架。

有一次，佳伟的下属A申请的项目预借款迟迟没批，眼看离客户活动日期越来越近，A很着急，便去催财务快点审批。结果，财务的同事只是低头边做着自己的事，边说：“知道了，最近单子多，大概下午就到你的了。”

A对财务的态度很不满，但还是忍着脾气求财务说：“我申请的是加急，你这儿都排了一星期还没批，能不能现在抽两分钟先批一下？”可财务同事却说：“你们所有人都申请加急，我给你先批了，要是别人也来找，我们还怎么干活？”

A这下真急了，甩出一句：“你们明知道加急的单子多，怎么还每天到点儿就下班？要是没我们业务部门辛苦加班给公司赚业绩，谁供着你们职能部门？你们就不能给力点吗？”

这一句气话说出来，把财务的同事也惹怒了，两个人吵来吵去，结果批借款的事也没推进下去。佳伟与财务的领导花了不少的精力，才协调完这件事。

经历过这个事情，我们深刻地认识到：一旦进入到高难度沟通的情景中，普通人如果没有经过刻意训练，都会不可避免地偏离自己的沟通目标，从而导致对话的偏离与失败。

这种情况，不仅发生在职场，也发生在夫妻、恋人、家人等生活对话中。

那么，作为受过高等教育的理智人，为什么会出现这种目标偏离的情况呢？

为什么“想说的”与“说出来的”那么不一样？

你有没有发现：当普通的对话因为情绪失控等因素而演变为高难度沟通时，很多人都会进入到两种模式中：“战斗”或“逃跑”。

- 战斗：在高难度沟通中，一旦你与对方沟通不顺，或者对话还没开始，但你预测到一定会不顺，你的本能就会把这样的沟通当成是“威胁”，同时也会在潜意识里给你发出命令：我一定要打败这个威胁，战胜对方！在这个指令的作用下，你就会一心想着说服对方、惩罚对方或威胁对方。

- 逃跑：反过来，当你发现在对话过程中打不赢对方时，比如，对方比你更强势，或者你担心争吵会影响关系，又或者你害怕言多必失……无论是哪一种，你都倾向于另一种选择：停止说话，陷入沉默，或违心地顺从对方。

你有没有发现，无论是“战斗”还是“逃跑”，都已经不是你最开始的真实目标了？举个例子，如果你想向老板多争取一些人手支持你的项目，在对话中，你的客观目标是让老板多给你一些预算，但因为双方谈不到一块儿去，你们俩开始争执，对话也就变成了高难度沟通。

这时候，无论你是通过强大的逻辑与说辞，逼得老板无话可说，表面上通过“战斗”打赢他；还是你争不过他，为了保全面子，选择沉默，顺从地“逃跑”，你都已经偏离了你的真实目标，无法从老板那里争取到资源。

也许你会说，我相信自己的自控能力，我努力去避免这两种状态不就行了？

还真不太容易。

事实上，“战斗”或“逃跑”这两种行为是人长久进化而来的本能习惯。据神经科学研究发现，这两种状态受大脑生理控制，当我们的老祖先碰到野兽的攻击和其他类似危险时，会本能地进入保护自己的状态。在大脑下丘脑（大脑内分泌系统的主要调节器）的作用下，脑下垂体会向肾上腺发出信号，释放肾上腺素和皮质醇。这两种物质是“应激激素”，会让人心跳与呼吸加快，血压上升，瞳孔放大，肌肉及其他器官都进入到随时“战斗或逃跑”的状态中[①]。

对于我们的老祖先来说，“战斗或逃跑”反应对于应对危险、保全性命至关重要。但对今天的职场人来说，虽然很少有机会碰到毒蛇、猛兽这样的危险，但有过经历的朋友都知道，职场上那些让人窝心、不爽的处事与沟通，有时给我们带来的威胁并不亚于毒蛇、猛兽。

高难度沟通就是其中的一种。无论是与领导争论，还是与下属争吵，或与外部合作方互掐，其间的恶语相向、冷嘲热讽，都会让人因为紧张及惊慌，产生像碰到毒蛇、猛兽一样的“战斗”或“逃跑”反应。如果你具备高难度沟通技巧，就能在碰到职场上的“毒蛇猛兽”时从容化解；反之，你不仅会在高难度沟通产生的当下被伤害，也会在长远的职场人际关系中遭受极难挽回的损失。

① 引自 *Buddha's Brain: The Practical Neuroscience of Happiness, Love and Wisdom*（中文直译《佛祖的大脑：有关幸福、爱与智慧的实用神经科学》），作者里克·汉森博士（Dr. Rick Hanson）。里克·汉森博士是美国知名心理学家，也是加州大学伯克利分校至善科学中心（The Greater Good Science Center）的资深研究员。该中心以扎实的科学为基础，帮助人们实现有意义的生活。作为其中的一员，以及一名畅销书作家，汉森博士通过写作利用心理学、神经科学来帮助人们优化大脑，提升心理、生活状态的书籍。感兴趣的朋友可以关注该中心（https://greatergood.berkeley.edu/）及汉森博士的作品。

在本书第二部分的核心技能模块中，我们会详细地为你拆解如何才能确定自己的真实沟通目标，躲开虚假目标的陷阱，挖掘并守住真实目标。同时，我们也会在第三部分的案例还原中，帮你理解在真实情景中，如何用好这些技巧。

情绪管理：管好自己的情绪与对方的情绪都是你的责任

如果说“沟通目标”是你推进高难度沟通时设定的目的地的话，那么“情绪管理”将会是你推进对话的“稳定剂”。在这一小节中，我们就带你来了解一下：

- “情绪”与高难度沟通之间的关系
- 为什么要学会高难度沟通，必须要先学会管理好自己与对方的负面情绪
- 对于成熟的职场人士来说，为什么要学会激发双方的正面情绪，为对话打开更多可能

一般人控制不了的两类负面情绪

你还记得你上一次的不愉快沟通经历吗？是与上司的某次憋屈的交流，还是与客户的某次争吵，或是被不懂事的下属气个半死？

当你回忆起这些场景时，不知道你有没有发现，所有高难度沟通都有一个共同特点，那就是双方的情绪极为强烈。如果你再次回忆当时的场景时，你可能现在都还会心跳加速、脸红耳热。其实，这些现象反映的本质，都是我们对未知、对毁灭的恐惧[①]。我们迫切希望自己能掌控这些不确定性。

对情绪的回忆尚且有那么大的杀伤力，更别提在高难度沟通现场了。根据我们自己的观察与实践发现，几乎所有高难度沟通引起的直接原因，都是因为对话中某一方的情绪失控。比如，刚才还在好好沟通，因为受到某种刺激，立马提高嗓门、加快语速，开始吵了起来。

虽然很多人知道负面情绪对正常沟通不好，但很多人对负面情绪的理解并不全面，以为头脑发热，争吵起来才是负面情绪。但事实上，高难度沟通中的情绪并不止 “争吵起来”一种。它一般有两种体现形式：

- 一种是显现出来的，比如说带有负面情绪的激烈争吵、对骂、指责等；
- 另外一种是憋在内心的，比如在吵架中，有些人也会选择嘴上不说话，只是沉默，但内心却憋着很强的情绪。最典型的

① 引自《当下的力量》，中信出版社，第 42 页，作者埃克哈特·托利。

就是明明在生气，却倔强地说“我没生气！”

这两种情绪，无论是自己，还是对方，都会出现，表现形式也都差不多。下表是两种情绪更具体的表现形式，无论是哪一种，它们都会导致沟通进行不下去，或直接崩盘。

情绪类别	表现	本质原因
爆发式情绪	**控制对话：** 对方会通过提高声量、强行抢话等方式，试图掌握对话的主导权	对方想告诉你：他是对的，你是错的，你得听他的
	语言攻击： 对方会通过直接或间接地谩骂、讽刺、质问等方式攻击你，试图在对话中使你服软	
沉默式情绪	**陷入沉默：** 无论你怎么着急、激动，对方就是闭口不说话，让你毫无办法	对方缺乏安全感，想快点逃离当前对话
	直接逃避： 比如，在对话过程中，直接说一句“我忙，不想和你说了”就离开了会议室，把你一个人晾在那里	
	避而不谈： 对方说话很婉转，不敢与你在当前话题上正面交锋，犹犹豫豫兜圈子	

为什么负面情绪会破坏正常对话，引起高难度沟通？

认识了沟通中常见的两类负面情绪后，接下来带你了解一下为什么负面情绪会那么容易破坏正常对话，引起高难度沟通。

在我们自己的学习经历中，我们觉得对这个问题解释得最到位的是《关键对话》[①] 一书。该书的观点认为：之所以沟通中的负面情绪有那么大的破坏力，是因为它们会破坏沟通的“安全氛围”。

“安全氛围”是什么呢？想象一下，你的每一次沟通，都在一个像屋子一样的空间中进行，“安全氛围”是这个空间中的“空气”。当空气充足的时候，你一般注意不到它的存在。你和对方欢声笑语，沟通顺畅。但是，一旦因为双方沟通不顺、开始争吵，“安全氛围”这一空气会马上变得稀薄，你与对方在密闭的空间里就会胸闷憋气，然后停止正常沟通，进入到争抢空气模式。这时的沟通表现就是互相指责对方的不是，强调自己的正确性；对话也因此升级为高难度沟通。

为了让你更好地理解，我们来看一个案例：

宋经理手下有一位很能干的社群运营小红，最近这一两个月不知道怎么了，工作总是不在状态，社群维护得也没那么上心了。宋

① 参考《关键对话》，2012 年，机械工业出版社，作者：（美）科里·帕特森、约瑟夫·格雷尼、罗恩·麦克米兰、艾尔·史威茨勒。

经理决定找小红聊聊，想了解一下她是不是遇到了什么困难。

他知道小红平时自尊心很强，所以打算从“客观事实”切入，他问小红：“小红，我发现最近咱们的社群没有以前活跃了，我能了解一下是什么原因吗？”

果然，敏感的小红察觉到这是领导对她工作不满意了，她出于保护自己的本能，回答道：“我没觉得啊，我每天都会引导几次互动的。”

宋经理听了，不知道小红这是在逃避责任还是真的对工作不上心了，心里隐隐生气，但还是忍着情绪说道：“可是我怎么觉得咱们现在的互动都很套路化，不够真诚，所以现在群里用户发言都少了呢？”

小红其实自己也觉得最近工作状态不好，她很愧疚，但又不敢找宋经理谈，这时被宋经理挑明了问题，突然不知道怎么回答，于是低头不语，只是抠着手里的笔。

宋经理得不到小红的答复，也很着急，更印证了他觉得小红态度出了问题的猜测，于是提高嗓门说道：“小红，我本来很看好你的，你是我重点培养的骨干，可是现在我对你很失望！”

这话直击小红痛处，愧疚、自责、害怕掺杂在一起，忍不住哭了出来。

宋经理面对这个情况，也突然不知道怎么办了，但他知道问题还是要解决的，这样僵下去只会出现更多的问题。他转过身，深吸一口气，平复自己的情绪，把语气放柔说：“小红，我今天找你聊，不是要责备你，如果我刚才的话说得太重了，我向你道歉。我知道你是个要强的姑娘，我对你的工作一直也很放心，但我希望你在遇到困难的时候能来找我，咱们一起想办法。你在社群运营一线，我能了解一下你是怎么看咱们现在社群运营的情况的吗？有没有遇到什么困难？”

小红听宋经理这样解释，也觉得自己防卫心太重了，于是慢慢调整了情绪，和宋经理交流了起来。最后，宋经理发现，原来小红现在运营的社群量比之前多了一倍，精力不够，但她没有向上汇报，而是自己把这一切扛下来了。了解到这个情况后，宋经理决定再招一名新人增加人手，同时给她调配了两名实习生，在招到人前帮她一些忙。

通过这个案例，我们希望你能理解三个要点：

- “安全氛围”是推进对话的“看不见”的前提。一方所表现出的负面情绪，会让另一方感受到威胁及不安全，因此，负面情绪会破坏“安全氛围”；
- 出现高难度沟通状况时，你的首要任务是观察、检测“安全氛围”，在它遭到破坏时，快速修复并保持对话的安全氛围。

- 就像在密闭的空间中一样，要想自由呼吸，一方面要节约空气，另一方面要两个人都停止争抢，一起想办法引入新鲜空气。

无论是哪一种，你都需要发挥“主人翁精神”，先管好自己的情绪，再去引导对方的情绪，从而创造、维持“安全氛围”。

高手的武器，用情绪为高难度沟通创造正向动力

读了前两节，你可能会觉得情绪真是个“捣蛋鬼”，它会给正常对话带来很多麻烦。因此，要想成为高手，就一定要学着在对话中控制情绪，直到没有情绪。

真的是这样吗？

当然不是。对于普通水平的沟通者来说，能控制好自己的情绪，管理好对方的负面情绪，已经是非常不错了。但如果想通过提升沟通水平，成为稳步成长的职场精英，你需要掌握更高阶的情绪管理技能，那就是调动对方的正面情绪，为对话创造正向动力。

所有沟通的进行，背后都是有动力的。一种动力是你拉着对方往目的地跑，另一种动力是你激发对方，让他更愿意，甚至更享受地参与到解决方案的讨论中。相比之下，第二种动力因为掺杂着双方的意愿，因而更有效、更持久。对话一旦获得了这种动力，大家会畅所欲言，交谈甚欢。

但我们该如何创造出这种正向动力呢？这得从高难度沟通中对方的“情感需求”入手。

人是情绪动物，有基本的五类情绪需求。它们分别是：

- 渴望被认同及欣赏
- 希望能找到同类
- 希望有自主权
- 希望自己的地位能被认可
- 希望自己的角色能被尊重

在很多高难度沟通中，对话的一方之所以不爽，就是因为他的某一个或多个情绪诉求没有被满足。而反过来，如果被满足了，对方就会很高兴。

比如下属夸你，你心里开心，就愿意与对方多聊几句；上司夸你，你会充满干劲，愿意多做一些活儿。

因此，如果你能在高难度沟通中学会两条腿走路，一方面专注在解决问题上，另一方面能够适时地通过肯定、赞美、认可等方式，满足对方的这五种情感需求，从而让对方更放松，更有安全感，甚至觉得自豪与骄傲，你就能调动起对方的积极情绪，让他更好地参与到与你的对话中。

推进对话：打破对话僵局，灵活、坚定地聊下去

所谓的“推进对话”，是指无论对话是陷入僵局，还是偏离正轨，你都能通过强大的表达能力，引导对话各方回归正常沟通，达成沟通目标。表面上，它是嘴巴上的功夫，但本质上，它既需要“脑”层面清晰地判断当前及接下来的沟通目标，也需要“心”层面管理好情绪，保持耐心与勇气，从而坚定地推进对话。

我们先来看一下高难度沟通中常见的“僵局”与“脱轨”现象。

谈不下去了：高难度沟通中常见的“僵局”与“脱轨”现象

“没法儿聊！”“这还怎么交流啊！”“他这人简直不可理喻，没法儿谈！”

当我们的客户或学员分享他们的高难度沟通经历时，我们会听到类似上述形形色色的反馈。总结起来，就是对话“谈不下去了”。你是不是也曾经历过以下几种情景？

- 不管你有多诚恳，对方就是不停地打断你的话，攻击你的观点，甚至拒绝让你发言；
- 你好不容易把话题引回正轨，可当双方对某一问题的讨论稍

有进展时，他们又会搬出另一个议题反驳你；

- 你敏锐地察觉到对方的情绪，客气地请他们谈谈自己的感受，他们却说“我没生气，我很好”，然后沉默下去或者说些无关紧要的话，对话也没办法推进。

为什么对话进行不下去了呢？通常来说，在沟通现场一般有两种“谈不下去了”的情况：

- 对话陷入沉默式的僵局。比如，双方聊得不开心，一方或双方都陷入了沉默。职场上，这种对话常见于上司批评下属、艰难问题的讨论（比如业绩未达成）等；
- 无意义的争吵导致脱离沟通目标。这种情况下，虽然对话还在进行，但你争一句，我抢一句，这种无意义的争吵已经不能帮助双方达成沟通目的了。这种对话，常见于责任归属类（你错了，还是我错了）场景中，可参考本书第一章里提到的“职场常见理解分歧示例”列表。

无论是哪种情况，作为对沟通结果直接负责的人——也就是你自己，需要做的是：打破僵局，并把对话拉回正轨。

说话没章法，是对话陷入“僵局”或“脱轨”的最直接原因

某互联网公司负责运营的小张要在周五给老板做上周一个活动的复盘，为了能体现出不一样的洞察，她想调取一些平时没有关注过的数据，于是发了数据接口权限申请，可技术部却一直没处理。她想到平时跟技术部小李关系还不错，特意带了些零食去找他帮忙。

小张找到埋头写代码的小李，笑嘻嘻地说道：“李工忙着呐？我想导一些数据，可以帮忙给开几个新的数据接口权限吗？申请已经发了，挺急的。”

小李正在做晚上新版本上线的最后排查，头都没抬地答道：“知道了，我忙完就给你开。”

小李的态度让小张觉得不舒服，但毕竟有求于人，就接着央求道：“哎呀，咱们这么熟了，看在我带了这么多好吃的慰劳你的份儿上，你就百忙之中抬手点一点嘛！”

小李还是没抬头，就说了句：“我现在真不能分心，你先回去吧，肯定给你弄。”

小张本来就着急，又看平时交情挺好的小李这么“公事公办”，再也忍不住了，赌气地说道：“我叫你李工，你还真摆上谱儿啦！我告诉你，我要的数据很重要，周五要给大老板做复盘的，要是因为你这儿耽误了，也别怪我不顾咱们交情，给你们技术部告状！”

小李一次次被打断工作也很烦，没好气地说道："随便你，我们正在忙新版上线呢，你有本事就问问老板，是新版本重要还是活动复盘重要。"

小张被小李噎了一句，更来气了，结果两个人就"到底谁的工作重要"吵起来了，原本开权限的事儿和小李手上的活儿都被扔在了一边……

类似上面这样的案例在职场上很常见。你有没有发现：无论是对话陷入"僵局"还是"脱轨"，背后都有一个共同原因，那就是"安全氛围"被破坏，对方进入到自卫状态。只是有些人习惯用不说话及沉默来保护自己，有些人则选择据理力争，通过争吵辩论来保护自己。

这两种情况，我们在自己的职场发展中也都经历过。最开始，我们觉得要通过说话来控制好现场的"安全氛围"实在太难了。因为人心难猜，心思易变，一不小心就会惹恼对方。但后来我们逐渐发现，这事儿没那么复杂。你在现场激怒对方的原因很直接，那就是"说错话了"！比如：

- 在还没弄清某件事本身，以及对方是怎么理解之前，就武断地下了结论；

- 只顾着讲事情的对错、责任的归属，但忘了照顾对方的面子与情绪；
- 太关注对方的面子与情绪，就是不敢把事情的原则、是非讲明白，最后还是引起了争执；
- 不会倾听，自己不断在讲，虽然在对话，但没有实质上的交流；
- ……

这个清单还可以更长。我们的任务，是帮你理解，为什么大家都是理智的成年职场人，却总会频频出现“说错话”的问题。随着这几年对这个话题深入的观察，我们发现最直接的原因就是：说话没章法，没逻辑。

在找我们请教沟通的学员中，七成以上都会问到一个问题：如何高效地向领导汇报工作？这些学员觉得自己说话啰唆，没有重点，逻辑不清。

我们让他们尝试在现场还原一下自己的汇报过程，结果发现：一件小事，他们可能也要说很久才能进入正题。这对平时都很忙的老板、领导来说，实在太考验耐心了。为了让他们相信表达是可以训练的，我们演示了如何利用“是什么 + 为什么 + 你需要做什么”结构，用 15~30 秒快速说清楚情况，但又能确保吸引领导的注意力。

学员们总会说“老师好厉害啊！这么复杂的事情，你也没经历过，怎么三言两语就能说明白呢”，这种情况下，我们总会告诉他们：当你掌握了模板与方法，加上适当练习，就能实现。

在高难度沟通现场也是如此。比如，你肯定也听过这样的话：“不好意思，我这人脾气就这样，说话直，你别不爱听……”然后，开始说一通别人的确不爱听的话，从而引起了对方的抵抗，对话进入到高难度沟通中。都知道了别人不爱听，还说什么呢？这不是伤人伤己嘛！

你也许会问：有些话的确难听，但必须要说，怎么办？别着急，这就是第二部分“模块五”的内容。我们会教你四个高阶沟通技能。比如，如果你想表达负面意见，你就可以使用“中性表达”法，帮你既把该说的话大大方方地说了，又能确保不伤害对方，从而让双方都心平气和地推进对话。

当然，回到“高情商金字塔”中来理解嘴上说话没章法这件事，本质上还是缺乏“脑”层面的判断分析能力，以及“心”层面的情绪观察与管理能力。好在所有这些能力，都可以通过一个个具体的句式进行训练。

比如，很多人觉得自己不太会察觉他人的情绪，于是就只能在现场瞎猜对方的情绪，结果往往猜错，造成现场的尴尬或不愉快。其实，你只要学会一个模板就可以了。

“我看到了 ××，听到了 ××，所以我得出了 ×× 的结论；但这只是我的看法，我并不知道你看到了什么，是怎么想的。你能跟我说说吗？”

这样的句式看起来很复杂，但熟练掌握后，就能在高难度沟通现场创造立竿见影的效果。

记住，善于运用已经验证过的、符合沟通认知规律的“说话技巧”，是掌握“高情商金字塔”中“能说会干”中“说”的关键。我们期待你能通过本书的学习及自己的练习，掌握足够多的沟通方法。

本章总结

- 在本章中，我们为你提供了一个练习高难度沟通的基础性科学框架，即“高情商金字塔”。它由三层组成，环环相扣，从塔基到塔顶分别是：情绪管理、能说会干、明智选择。
- “高情商金字塔”的三层从上到下分别对应着学会高难度沟通需要掌握的三大关键层面，即兼顾脑（确定沟通目标）、口（推进对话）、心（管理双方情绪）的训练。
- “沟通目标”是指你为了实现什么而与对方沟通。在遇到高难度沟通时，由于我们“战斗”或“逃跑”的本能，往往会让对话偏离目标。因此，躲开虚假目标的陷阱，挖掘并守住真实目标至关重要。

- “情绪管理”是推进高难度沟通时的“稳定剂”。沟通中的负面情绪可表现为“爆发式”和“沉默式”两种，它们都会破坏对话的“安全氛围”，让对话崩盘；如果能调动对方的正面情绪，也就能为对话创造正向动力。
- “推进对话”是指无论对话是陷入僵局，还是偏离正轨，你都能通过强大的表达能力，引导对话各方回归正常沟通，达成沟通目标。除了要掌握沟通技巧外，你还需要在“脑”层面清晰地判断当前及接下来的沟通目标，在“心”层面管理好情绪，保持耐心与勇气，从而坚定地推进对话。

第二部分：提升职场高难度沟通的五大核心技能

从这一部开始，我们会给你详细拆解应对高难度沟通所需的核心技能。在展开具体的内容之前，想先分享一段学员心得。

我们的学员C小姐在实践这套方法三个多月之后，有感而发地分享了她自己的心得。她在上海的一家外企工作，因为业务的关系，天天要与国企、互联网企业等拥有不同组织文化的人打交道。她跟我们说：

> 你会发现，在今天的工作环境中，高难度沟通可能时时都会发生。上一分钟你还在与同事讨论项目上的进度，下一分钟对方可能就与你因为分工的问题产生了争执；前一天老板还在表扬你工作做得不错，此刻可能在批评你不够主动积极、缺乏思考。当你往上发展时，会经历越来越多的高难度沟通，自己也会越来越累。最开始，我以为自己只要学点“说话技巧”就可以，但后来却发现，高难度沟通必须从理性地管好“沟通目标”开始，并且需要大量的“情绪管理”，最后才需要用到“说话技巧”。

C小姐从练习中得到的体会，验证了我们在第二章中的观点：高难度沟通不仅需要说话技巧，还需要综合脑、心、口三个关键层面，是综合能力的高情商应用。基于此，我们对高难度沟通的核心技能进行了模块的设计。

你从目录中可以看到，我们总共设计了五个模块。这五大模块既体现了“高情商金字塔”中脑、心、口的三层思路，也体现了像C小姐这样的真实感悟：高难度沟通的核心技能中，情绪管理至关重要。

高情商金字塔中的框架		对应高难度沟通的核心技能模块
脑	基于严密的判断与分析，设定明智、务实的高难度沟通的目标	一、梳理并守住自己的真实沟通目标
心	管好自己的情绪，同时也能疏导、调动对方的情绪，也就是情绪管理	二、识别并管理自己的情绪 三、疏导对方的情绪 四、调动双方的积极情绪
口	无论对话有多艰难，都能坚定、有韧劲地引导、推进，也就是推进对话	五、保持双向沟通，推进对话

我们希望通过这样的梳理与拆解，可以帮助你更好地理解、掌握抽象、虚无的高难度沟通能力。

让我们一起开始这场并不容易，但也兴奋、有价值的进步之旅吧！

模块一：确定真实沟通目标，为高难度沟通找到指南针

在第二章中，我们已经介绍过“沟通目标”这一概念，它在高难度沟通中将扮演指南针一样的角色，带你走过复杂、容易失控的高难度沟通现场。在接下来这个模块中，我们将为你拆解如何通过提前准备以及现场的沟通，学会“梳理并守住自己的真实沟通目标”。它对应了“高情商金字塔”框架中的“脑”部分，也就是基于严密的判断与分析，设定明智、务实的高难度沟通的目标。

你将从以下几个方面学会这项核心技能：

- 理解职场沟通的本质目的：赢得信任
- 了解赢得信任这一大目标，可以拆解成哪些具体的沟通小目标
- 掌握如何在高难度沟通现场监控自己的对话，时刻保持对话符合自己的沟通目标

理解高难度沟通的本质目的：修复信任，赢得信任

你有没有想过，为什么普通的对话聊着聊着就升级为高难度沟通了？或者，在高难度沟通现场，为什么自己会被对方牵着鼻子走？其实，最根本的原因是，你没有真正理解沟通的目标——赢得信任。

你可能会说，这也太虚了吧？“信任”是多么“假大空”的一个概念啊！并非如此。我们从10年前初入职场，到今天成为公司的管理层或创立自己的咨询工作室，最大的感受是：“信任”才是职场发展的真正原动力；高难度沟通的本质目的，也是通过化解分歧与冲突，调和情感，最终赢得对方的信任。

就拿我们俩所在的咨询行业为例。在别人看来，这是一个特别虚的行业，外人永远搞不清楚我们到底是怎么赚钱的。的确，我们没有看得见的产品，靠的是思路与沟通，但客户却愿意花钱买我们的服务。在这个过程里，通过“做”与“说”给人的信任感就特别重要。

换句话说就是：如果你与对方存在很强的信任感，你们之间几乎就不存在高难度沟通。

比如，如果你与你的老板互相信任，那么，诸如工资、团队配置、职业困惑等话题，你都可以与他坦诚交流。你不会因为怕他而把话憋在心里，闷着不说；他也不会因为你提出一些难题而刻意刁难你。

有一次，一位互联网公司的产品负责人Q找我们抱怨，说他们公司的创始人太吹毛求疵了，大到产品方案，小到周报总结，总是不停地跟他抠很多并不重要的小细节，耽误正事不说，也让他感觉自己在这个公司施展不开。前两天，他还忍不住跟创始人吵了一架。

“我看别的部门负责人给他汇报事情时，他也没那么多事儿啊！PPT上有错误的数据他都不在乎。我觉得他就是跟我过不去，成心为难这些不是当初跟他一起打江山的兄弟，在我们面前摆谱儿。”Q委屈地说。

我们问他：“你觉得为什么创始人对跟他一起创业的人就那么宽容呢？”Q答道：“那还用说，他们那是革命情谊，那份儿信任，我们怎么比得了。”

你看，信任，才是关键。

在职场上，这同样适用于你与你的客户、同事或团队。如果有信任基础，即便真出了事儿，也很好商量。但反之，如果你们之间的信任遭到了破坏，或者“余额不足”，那你们之间在人情交际上就会出现很多问题，高难度沟通只是其中一种表现。

这就是为什么我们坚信：虽然高难度沟通的最直接目的是解决分歧，达成一致，但它的本质目的是“赢得信任”。

赢得虚无的信任，是有科学路径的

“信任”再重要，对很多朋友来说，它都很抽象，很虚。如果再把它放到高难度沟通中，就更不好把握了。所以，接下来，我们就带你拆解一下虚无缥缈的信任。

我们一路成长，有关如何获取信任，一般会得到两类“经验”：一类是从小接受的教育，要求我们做到“做人要踏实，要少说话，多做事”；另一类是来自前辈们分享的职场规则，要求我们做到“要善于理解领导的心思，获取领导的信任”。

这样的“经验”其实很片面，在当今职场中，如果只是去践行这样的“经验”，你很可能无法赢得他人的信任。

为什么呢？因为信任并不是虚无缥缈的，而是有科学规律的。它有这样一个公式：

信任=（专业性+可靠度+亲密感）/自我

这个公式的提出者，是我们咨询行业里的前辈，也是哈佛大学的教授大卫·梅斯特（David Maister）。在入行之初，我们非常敬重的前老板推荐了大卫·梅斯特（David Maister）教授的书，其中一本是《值得信任的顾问》[①]，书中就讲到了这个公式。这本书虽然主要

① *The Trusted Advisor*（中文直译《值得信任的顾问》），作者：David H. Maister / Charles H. Green / Robert M. Galford，出版社：Free Press.

谈如何服务客户，但他的理念适用于职场的各种情景。

简单解释一下，也就是：

信任度 =（你在某行业或某部门的能力是不是专业可信 + 你做事的态度与方法是不是靠谱踏实 + 你和对方是不是亲密交心，可以把对方当成是同类人）/ 你是不是太把自己当回事、只顾及自己的感受。

从这个公式上，我们至少可以了解三条获取信任的原则：

- 能不能获取别人的信任，要求你既要多做分子部分的加分项，也要少做分母部分的减分项
- 加分的三件事，每件都是做好自己，服务别人。它既要求你有做事的能力（专业、可靠），也要求你有赞美别人，受欢迎的能力（亲密）
- 减分的部分只有一件事，但破坏力极大，那就是以自我为中心，它既包括自大，也包括过分敏感

你仔细感受一下，是不是这个道理？

一旦对话恶化升级到高难度沟通时，互相的信任在那个瞬间已经被破坏。所以，所谓的高难度沟通就是考验你是否能基于这个公式体现的规律，来科学修补信任，并赢回信任的过程。

我们不妨来先看一段高难度沟通现场的对话，然后来验证一下

高难度沟通技能与信任度打造的关系。

AB 两个部门的负责人因为某次合作不顺畅，A 经理去找 B 经理沟通。如果不具备高难度沟通技巧，两个人很可能就互相“掐”起来；而 A 经理具备高难度沟通技巧，他说出了下面这样的话：

谢谢你告诉我你们的感受及想法。在这件事上，我承认我有做得不对的地方，我应该及时认可你们的努力，也应当更好地规划整个项目。不过，我相信你也知道出现拖延的问题，我们双方都有责任。为了推进解决问题，我们与其为过去争吵，不如一起商量未来如何更好地沟通，来避免再发生这种情况。比如，在开始制定时间表时，你可否用你的经验，告诉我怎样做才是合理的？再比如，如果我的做法不对，你能不能及时地指出我的问题所在？

这段话里，包含了四个具体的高难度沟通技巧（及时道歉、中性表达、改造对话、推进落地）。这些技巧其实和信任度公式是一一对应的。我们简单地为你解释一下：

- 不自我，所以上来就道歉，而不是只想把责任推到对方身上；还会邀请对方来挑自己的毛病
- 非常靠谱，专注在工作上，所以才能将对话引导到一起商量

未来如何更好沟通

- 非常专业，所以在现场就建议未来如何避免沟通不畅的情况，还能给出不同选项
- 非常坦诚，相信对方，这是亲密度的表现。把话说得很透，该道歉道歉，该改进改进，并且都不只是表面上的客套

你可以想象，如果那位经理不懂得赢取信任的重要性，也不具备高难度沟通的技巧，他是绝对不会说出类似上面这段话的。大部分情况下，双方会围绕“问题出在谁的身上”而争执不清，同时，也会把与眼前这件事不相关的“陈年旧账”翻出来。

这些年，我们最大的感触是：在赢得信任的过程中，如果你具备高难度沟通技能，你就能变高难度沟通的挑战为机会，为自己赢得信任；反之，如果你不具备高难度沟通技能，当你在经历高难度沟通时，你会加速毁掉别人对你的信任，使你的工作深受影响。

抓住对方的本质需求，为确定沟通目标提供参考

“信任度公式”这个工具，可以帮助我们从新的视角认识人际关系，以及高难度沟通技能对赢回信任的作用。但是，仅有这个公式还不够，想要赢得别人的信任，并基于此推进高难度沟通，你还需要清楚地分析对方的需求。

“信任度”与“需求”之间是什么关系呢？如果说“信任感”更多是感觉层面，是“虚”的东西的话，那么“需求”则是现实层面实实在在的东西。原因很简单，在高难度沟通现场，在你面前的那个人最想知道的，就是你如何满足他实实在在的需求，修复他对你感觉上的信任。

比如，你的领导因为看到你连续犯错没做好工作，非常生气。本来你们好好在聊工作的事，结果他突然脾气爆发，你们的对话由此恶化为高难度沟通。这时，他提高嗓门，无非就想让你痛痛快快地告诉他：下次你不会再犯错了，并且说到做到。

再比如，你和一名“猪队友”一起做一个跨部门的案子。对方非常不靠谱，专业不行也就罢了，还在你们共同的老板面前给你“穿小鞋”。你终于忍不住对她破口大骂。这时候，你的需求就是：让她停止做这种不靠谱的事儿，赶紧把工作做好，并且向你道歉！

其实，这些现象背后反映的是一条更深刻的原则，那就是：你需要通过满足对方的需求，来达成自己的需求。

所以，要想梳理自己的沟通目标，首先就要弄清楚对方的“需求”。可惜的是，在我们辅导别人进行沟通训练的过程中，80% 以上的朋友明确表示自己很少在谈话前，认真地分析对方的“需求”。问及原因，除了没这个意识之外，更主要的是不知道怎么去分析，也就是没有上手能用的方法。

因此，接下来我们为你介绍两个方法，帮助你达成这一点：

- 用“需求四象限图”，搞明白对方的“想要”与“需要”
- 用“球形影响链”，搞明白对方与别人之间的影响关系

简单来说，这两步会帮你理解对方在高难度沟通时的“需求”是什么，同时，他身边的人是怎样在影响他的“需求”的。理解对方的“需求”之后，你就有了一个很好的基础去确定自己在高难度沟通中的目标。

两大思维工具，帮你读懂高难度沟通中对方的真实需求

在高难度沟通中，想在现场完全看透对方的“真实需求”是非常难的。一方面，双方都可能处于极大的情绪波动中，说话并不客观；另一方面，有些人并不清楚自己真正的需求。

你可能会觉得，怎么还会有这样的事？其实，这背后是有原因的：

- 他没有将自己的需求清楚、直接地告诉你
- 他自己都不知道自己的需求到底是什么

那该怎么办呢？接下来，我们就来教你如何分析高难度沟通中对方的需求。

分析对方“需求”：七分在平时，三分在现场

先来看第一条，对方没有清楚、直接地告诉你他的需求。

举个好理解的例子，领导跟你说：“小王啊，我看你与女朋友的生活很惬意嘛！”作为领导，他说这句话是什么意思呢？虽然不能完全断定领导就是没怀好意，但如果在高难度沟通现场（比如他正嫌你工作进度慢、不上心），那十有八九，他想表达的是：“你的心思根本没在工作上，就知道天天和女朋友玩！”

俗话说：“说话听声，锣鼓听音。”意思就是说，我们在听别人讲话时要善于听对方的“话里话”，也就是说，要“听懂别人没说出来的话，看懂别人没做出来的事”。

再来看第二条，也就是对方都不知道自己的需求到底是什么。

就像出门前不知道要穿什么而瞎穿，在淘宝上不知道要买什么而瞎买一样，在高难度沟通中，不知道自己“真实需求”的大有人在。

比如，一位刚入行的新人，明明最需要的是快速学本事、长经验，他却以为自己最需要的是涨工资；一位已经当了中层领导的资深人士，明明最“需要”的是学会授权，让下属成长，真正做到“团

队的成功才是自己的成功”，但他却以为是自己要做到最好，让团队无法超越，这样才能保住自己的领导位置。

所以，看清自己的“真实需求”并不是件容易的事，尤其是在高难度沟通中。

在这种情况下，作为对沟通结果直接负责的你，该怎样来应对呢？你需要一个靠谱、好用的工具，提前进行分析。

用“需求四象限图”，搞明白对方的“想要”与“需要”

如果你能提前摸清对方的“需求”，就可以避免高难度沟通中的很多不必要的误解与争吵。

要做到这一点，你可以尝试使用这个工具——“需求四象限图”。顾名思义，它由四个象限组成，分别是“想要”“不想要”“需要”“不需要”。

想要	不想要
需要	不需要

“想要”是指能激起你的本能，让你充满渴求的事或物。比如很多人希望被赞美，受人欢迎，能赚钱，有名气；“需要”则是能满足你真实需求的东西，但未必是你已经获得的。比如时间管理能力、结构化思考能力、长远赚钱的能力等。

一般来说，“想要”的东西只是表面上显得重要，而“需要”则是我们最真实的需求。当我们“需要”的东西被满足后，“想要”的东西就变得不重要了。举个例子，我们刚工作时，特别想要一块名表或者一个名牌包，显得自己很成熟、有钱；但事实上，我们最需要的是被身边的人认可，获得自信。多年后，当我们拥有了很不错的业绩，有足够的信心时，也就不再需要用好表、好包来满足自己的“想要”了。

“想要”和“需要”的反面就是“不想要”与“不需要”。“不想要”的事物，会让人们产生本能上的讨厌和排斥，比如谁都不喜欢被当众批评；“不需要”的事物，则是经过人们理性评估，发现自己不需要，比如视力好的人不需要配眼镜。

我们来看下面这个案例：

某创新型营销公司（圈里叫创意热店）的策划小 P 最近遇到了一个棘手的客户。对方是一家食品公司，最近新推出了一款零食要打市场。对方市场部的刘经理提出需求，让小 P 策划一个有关“双

11”的跨界营销活动，要求是这个活动要能一炮打响。小P连着出了四五版方案，可是刘经理却一直不满意，还埋怨他们说：“我找你们公司，就是觉得你们这种创新型营销公司的创意好，没想到也没什么新鲜的嘛！”

小P听后十分沮丧，在他看来，自己这几个提案里的合作方都是线下最火的平台，用户多，活动形式也很新颖，他觉得完全能够达到刘经理所谓“一炮打响”的要求，可为什么客户还是不满意呢？于是，他拿出了“需求四象限图”，重新梳理刘经理的需求。

他把刘经理提出的“一炮打响”和“跨界”放在了“想要”里；想起刘经理说过他们预算有限，于是把“大规模投放”放在了“不想要”里。那“需要”里该填什么呢？小P根据自己的经验分析，对于一款要打开市场的新品，“传播声量”是肯定需要的，刘经理说这是“双11”活动，那有可能跟他们市场部的销售KPI（关键绩效指标）挂钩，于是，他把“销售量”“转化率”“用户评价”也放在了“需要”的象限里，然后约了刘经理专门详谈需求。

一开始，刘经理还很不耐烦，说：“我们的需求文件不是很清楚吗？要的就是跨界营销活动，你们还能不能做了？怎么又要重新了解需求了？”

小P沉住气，回复道：“刘经理，特别感谢你们之前提供了清楚的需求文件，也很感谢你今天能在百忙中抽出时间。之所以再请你来谈这个事，是因为我们之前的几版方案，虽然都是按照咱们需求文件上做的，但一直没有通过，我们后来也反思了一下，觉得咱们这款新品要打开市场，不仅要有声量，可能也需要一定的销售转化率。之前的方案在声量上是没问题的，但销售转化体现得并不明显。我们可能有理解不到位的地方，所以想听听你的想法。”

刘经理一听，觉得小 P 说得有道理，于是也放下情绪，开始详细地阐述她的具体需求。果然像小 P 分析的那样，刘经理表面上想要的是跨界活动带来的声量，实际上是为了完成“双 11”的销售任务，但她之前并没有把这个深层的需求说出来。后来，小 P 根据刘经理的完整需求再次调整了方案，结果一下子就通过了。对此，刘经理也很感谢小 P 能站在客户的角度去思考问题。

在高难度沟通中，我们一定要学会把握对方的“想要”与“需要”。而且，你还需要学会客观地陈述问题，你既需要主动道歉、夸赞对方，同时也要自信、坚定地把问题及解决方案说明白。

在“模块五”中，你将学到的中性表达法，就是这个原则的使用。下面的例句就是体现之一：

如果我刚才说的话让你情绪上不舒服了，我向你道歉，是我没说清楚。但是咱俩现在要解决的是 ×× 问题，而且未来还要长期共事，

所以，可否花点时间细细讨论一下？

用“球形影响链”，搞明白对方与别人之间的影响关系

职场是复杂的，无论是在事业单位、国企、央企，还是在创业型公司、外企甚至NGO（非营利型组织），我们无数次发现，但凡是“组织”，都会有利益与权力的交织及冲突；而且，职场之外的人情关系也越来越复杂。

很多时候，某位职场人的“需求”，可能并不是他自己想要的，而是他受了别人的“影响”而形成的。比如说，你的下属向你要求涨工资，一方面可能是因为他女朋友嫌他赚得太少，另一方面可能是他曾经的老板告诉他可以拿更多。

总之，每个人在职场上的“需求”，是在各种人的影响下而产生的。回到高难度沟通中，如果你不能看清影响对方需求的这些因素，就没办法真正抓住对方的“需求”。

但问题来了，每个人的人际关系那么复杂，我们该怎样抓住呢？

这时候，你需要另一个工具来配合“需求四象限图”的使用，它就是“球形影响链”。所谓“球形影响链”，是你在分析需求时，还需要考虑自己或对方在对上、对下、对内、对外的人际关系网。如果你一一画出这个影响关系，你会发现，它就像一个圆形的球一样。

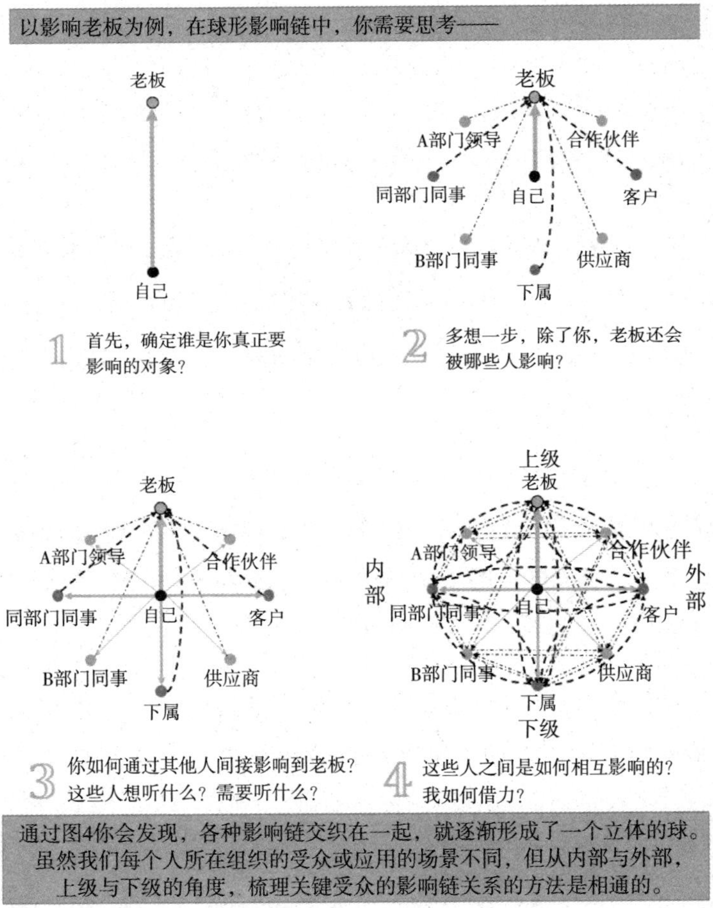

为了更好地使用这个工具来分析对方的需求，你可以思考如下几个问题：

- 对方在做决策时，会受谁影响？
- 这些能影响对方做决策的人，他们又受谁影响？
- 这些互相影响的人之间，是什么样的关系？我如何向这些关系借力？
- 这些人都关注哪些点？我能否借力他们关注的点，来帮助我进行沟通？

还拿前面小P的例子来说，如果他和刘经理交流完，发现跨界营销活动并不能满足刘经理真正的需求，需要劝说她放弃这个想法，可刘经理却一直坚持，该怎么办呢？这时，小P就需要求助于能影响到刘经理的关键人士了。

比如，他可以建议自己的老板去请刘经理的老板喝喝茶，顺便聊一下这个项目方案的新想法。如果刘经理的老板认可，回去告诉她这个思路，刘经理也不太会跟老板唱反调；又或者，参与这个项目的销售经理觉得小P的新方案更好，因为毕竟是销售部出钱支持这个项目，刘经理也就不会太坚持了。

回想一下，当你碰到一个让你觉得“他懂我”的沟通对象时，是不是觉得自己很快和对方拉近了距离，产生了初步的信任？如果他向你提出了建议，而你身边的人也这样说，你是不是就会更加肯定他的提议了？

用“需求四象限图”和“球形影响链”这两个工具来梳理需求，不仅能为你尽快找到沟通目标指明方向，也能使你尽快与对方建立信任，达成合作。

结合对方“需求”，拆解高难度沟通现场的具体小目标

在你完成了上述几步之后，就到了正式梳理自己在高难度沟通现场的沟通目标的时候了。原则上来说，你的终极大目标是修复与对方之间的信任关系，重新赢回他的信任，但“信任”是一个相对宽泛的目标，我们还需要将它拆解成一个个具体的小目标。

这时候，你在前面做的“需求分析”就变得非常重要了。因为你所有的小目标，都是基于“我如何满足对方的需求？”比如说，当你觉得对方话中满是牢骚与委屈时，你要确定的具体沟通目标就是“我怎么与他交流、互动，才能不让他觉得委屈？”

为了方便你实践，我们设计了一个工具，叫作“沟通目标拆解与行动表”（见下表），它可以帮你拆解高难度沟通中的具体目标，梳理出自己到底要做什么。

沟通目标拆解与行动表

目标拆解	具体行动
1. 听懂对方在说什么	
2. 挖掘对方的本质需求	
3. 表达清楚自己的理解与需求	
4. 理解双方的冲突	
5. 识别并管理自己的情绪	
6. 识别并管理对方的情绪	
7. 调动对方的积极情绪	
8. 打破僵局，推进对话	
9. 达成共识，及时总结	
10. 将结论变成行动落地	

继续以小 P 为例。当小 P 的方案一次次被刘经理否定后，刘经理提出“你们不行，我就换别的公司”，这时，他该如何拆解目标，推进这个沟通难题呢？

沟通目标拆解与行动表

目标拆解	具体行动
听懂对方在说什么	了解刘经理对方案不满意的具体原因
挖掘对方的本质需求	了解刘经理为什么提出“一炮打响”这个要求，她的标准是什么，以及背后是否还有其他目前不知道的需求
表达清楚自己的理解与需求	需要向刘经理说明自己所做的一切都是为了更好地完善方案，同时说明自己对方案的理解，并请刘经理也说说她的想法
理解双方的冲突	双方对这个方案的期待和标准分别是什么？冲突的地方在哪里？如何能达成一致？
识别并管理自己的情绪	因为反复修改而沮丧、生气，觉得客户无理取闹，需要疏解自己的情绪
识别并管理对方的情绪	引导对方说出不满意的地方和原因，及时向其道歉
调动对方的积极情绪	肯定刘经理在项目中的思考和专业性，表达自己希望能呈现尽善尽美的方案的决心。为了让项目取得好的成果，向对方传达通过合作解决问题的意愿
打破僵局，推进对话	在沟通现场，即便被刘经理骂了，也要坚持把自己该说的话说清楚
达成共识，及时总结	确认方案修改方向后，当场梳理总结
将结论变成行动落地	提出方案修改的具体进度，比如第二天提供框架和主要思路给刘经理确认，一周内完成细节等

当你理解了这个方法之后，在实践中还可能碰到一个很普遍的问题，那就是觉得这个方法太抽象，没办法专注地完成每一步的梳理。

怎么应对这个难题呢？你可以尝试把对话比作是闯关游戏，表格中的沟通小目标就是你要完成的具体任务，而表格本身也是这个游戏的攻略。对于一名新手来说，他可能不熟悉任务，也不清楚先后顺序，当然也不懂哪些任务更重要、得分更多；他唯一要先做的就是，依照攻略，在表格中填空，并多加练习及总结。相信你很快就能成为这个游戏的高手。

用“动态目标锁定法”，守住自己的真实目标

正如前文提到的那样，在高难度沟通现场，很多人嘴上说的都不是心里想说的，常常会发生目标偏离的情况。这种情况是可以理解的，因为在高难度沟通现场，很多人都会情绪高度紧张，思维相对也没那么清楚。当你分析清楚了对方的“需求”，同时拆解了自己的“沟通目标”之后，接下来，我们就教你一套“动态目标锁定法”，来帮你在高难度沟通现场，守住自己的真实目标。

所谓“动态目标锁定法”，是指在高难度沟通现场，你通过动态、实时地观察与调整，确保对话能够按你的沟通目标来推进。它包括“识别”与“调整”两部分，可以帮助你实时识别自己是否偏离了目标，

同时，一旦发现偏离，可以快速找回自己的真实沟通目标。

第一步：识别目标是否偏移

在我们摸索沟通这件事的过程中，发现一旦进入到高难度沟通，很难意识到沟通目标已经发生偏移。几乎所有人在高难度沟通场景下，都会认为“我此刻说的话是正确的，并且非常重要，不得不说”。

这是典型的“当局者迷”。想象一下，如果你能暂时从对话中抽身出来，扮演一下“旁观者”，你会很快发现，自己与对方的对话脱轨了。

常见的四种偏离沟通目标的现象分别是：

沟通目标偏移对照表	• 双方都在努力说服对方“自己是对的”
	• 双方有些话已经重复好几遍了
	• 双方的情绪开始变得激动
	• 你或对方有一方不再说话，开始沉默

这些信号都在告诉我们，此时沟通已经进入到“打赢”或是“逃跑”模式中。你必须暂停对话，重新调整你的沟通目标。

很多人难以做到的是，站在旁观者的角度，来观察当前的真实对话情况。我们都有这样的体会：晚上在陌生街区走路，如果没有导航工具，就可能盲目往前走，直到发现严重偏离目标之后才会慌慌张张地停下。高难度沟通现场也是如此。如果你没有这方面的意识，就很容易陷入目标偏离的对话中；但当你心里有了上面这张“沟通目标偏移识别表”之后，你就有了实时导航设备，在高难度沟通现场就会谨慎很多。

第二步，调整自己回到真实目标

当你发现了上一步的信号之后，接下来你可以执行三个动作，把自己拉回到真实的沟通目标。

1. 第一个动作：暂停对话，检查动机

你可以深吸一口气，再缓缓吐出。借这个缓下来的动作，在心里问自己：“刚才的话，是我的真实动机吗？我的真实动机到底是什么？”你可能会意识到，自己是想表达一个重要观点，而不是与对方争吵。

在高难度沟通现场，能够让自己暂停说话，是一件非常考验定力的事情，它体现的就是高情商金字塔中“管理情绪”的能力。如果你能通过训练逐渐做到，你一定会发现它有诸多好处：它可以瞬间停止争吵，并为自己争取到思考的时间，从而重启对话，而非被情绪带着走。

2. 第二个动作：引入过渡目标，排除干扰

在你完成了第一步之后，你可以继续问自己“刚才的对话中，是哪些因素刺激我改变了对话的动机？”当问了这个问题后，你就会发现你之所以改变了动机，是因为受到了情绪的干扰。

我们还以第一章中你与老板沟通想要增加人手的故事为例。你发现老板不重视你提出的问题，因此，你非常生气为什么自己忙成这样，老板却无动于衷？一想到这里，你的肾上腺素急剧上升，立即进入到“打赢”模式，决定一定要说服老板，让他知道你是对的。

这显然不是你最开始的真实目标，这时候你最应该做的，不是打赢你的老板，而是“了解老板为什么有这样的态度”，这就是我们所说的“过渡目标”。过渡目标不是你的最终目标，但它可以帮助你先解决眼前的沟通僵局。

我们根据自己的咨询实践，总结了几种常见的过渡目标，比如：

- 对方为什么会这样理解？
- 对方为什么会有这样的情绪？
- 有哪些对方知道，但我还不知道的背景？

回到案例中，你可以这样问你的老板：

老板，不好意思，我不是来和您争吵的。我知道您对是否要给我增加人手这件事，显然与我自己的理解不太一样，也有很多我不了解的情况。我能请教一下，您是怎么考虑的吗？

这句话，其实就是在执行“对方为什么会这样理解？”的过渡目标。

根据我们的观察，善用“过渡目标”的人，在职场做事及沟通上几乎都是不急不躁，但又有能力高效推进事情的高手。因为他们非常务实地认识到：在如今的职场生活中，几乎没有什么事能够一蹴而就。大方向明确的前提下，必须根据眼前的实际情况，一个一个地解决当下的问题，最终向大目标迈进。高难度沟通现场，更是如此。

中国有句老话，叫“事缓则圆”。使用“过渡目标”，反映的就是“事缓则圆”背后的朴素却又深刻的智慧。

3. 第三个动作：回到真实目标

当你用第二个动作中的方法排除了干扰之后，接下来，你就需要使用一些表达技巧，逐渐回到自己原来的沟通目标。比如，你可以说：

不好意思，为了推进解决问题，我们与其为过去争吵，不如一

起商量未来如何更好地沟通，你觉得呢？

这一步有两个关键点。一是你能把自己心里想的真实沟通目标，清晰地表达出来；二是在表达过程中，一直能用商量的语气委婉地请对方回到正常的对话中。比如，在上面的例句中，“与其……不如……”这个句式，一定要配上最后的“你觉得呢？”一起用，才会有好效果。

如果你用了这样的句式，对方依旧固执地说着与大目标不相关的话，你也可以用下面的句式（以及委婉的语气），来引导对方回到真实目标中：

对不起，我理解你和我说的话一定非常重要，但我有些不太理解你刚刚说的话。你刚才跟我提的这些事儿，与我们要解决的××问题，有什么关系吗？如果没有，咱们能否先商量如何解决××问题？

这个句式有两个好处：第一，它的前半句是一个很谦逊的问句，并没有在下结论。虽然你觉得对方说的话对解决问题没什么用，但也许对方是想告诉你一个很重要的背景。你如果贸然打断，只会引起对方的抵抗。同时，通过问句，你也能让对方讲清楚你不了解的信息，这对你判断下一步该怎么聊是非常重要的。第二，它的后半

句虽然简单，但其实也在引导对方时刻关注交流的重点。需要说明的是：你在这样问对方时，要特别注意语气，不能让对方听着像是你在质问他一样。

基本上，通过“暂停对话，检查动机”，“引入过渡目标，排除干扰”，“回到真实目标”这三个动作，你就拥有了避免在高难度沟通时陷入“打赢”或“逃跑”模式的能力，并且能够随时将沟通目标扳回正轨。

本章总结

- 很多普通的对话之所以聊着聊着就升级为高难度沟通，或者在高难度沟通现场容易被人牵着鼻子走，根本原因是没有理解沟通的真正目的（也就是赢得信任），没有确认真正的沟通目标。
- 在高难度沟通中赢回信任，首先要遵循“信任度公式”，然后要清楚地分析对方的需求。
- 在分析需求时，可以用“需求四象限图”，搞明白对方的“想要”与“需要”；用“球形影响链”，搞明白对方与别人之间的影响关系，从而帮你找到沟通目标，让对方与你建立信任感。
- 分析完对方的需求后，你可以使用“沟通目标拆解与行动表”，梳理、拆解高难度沟通现场的沟通目标，以及你在沟通中需要做的事。

- 在沟通中，人们会因为本能的“打赢”或“逃跑”心理，不自觉地忘记真实的沟通目标，而被虚假目标牵着鼻子走，从而将普通对话带入高难度沟通。解决这个难题，可以使用“动态目标锁定法”，它包括“识别”与“调整”两部分。
- “识别”部分有四个信号供你参考；“调整”部分，则包括“暂停对话，检查动机”“引入过渡目标，排除干扰”“回到真实目标”这三个动作。

模块二：识别并管理自己的情绪，主动创造安全氛围

在第二章中，我们介绍了高难度沟通现场的两类负面情绪，以及它们对于对话的破坏作用。管理情绪既包括管好自己的情绪，也包括管理对方的情绪。在接下来这个模块中，我们先来拆解如何管理好自己的情绪。它对应了“高情商金字塔”框架中的“心”部分。

你将从以下几个方面学会这项至关重要的核心技能：

- 了解情绪发生机制，为管理情绪做好准备
- 用“让自己情绪听话”的三步法，管好现场情绪
- 学会从容、安全地表达自己的情绪

当然，处理情绪是一件需要用一辈子去修炼的事情。高难度沟通中会涉及大量的情绪管理，如果你能以学习、练习的心态来处理高难度沟通中的情绪，对于你一生的情绪管理都是很有帮助的。

高难度沟通中，自己的情绪是如何产生的？

关于高难度沟通中的情绪，让我们印象最深的案例，来自于我们曾经辅导过的一位国企的学员小 Y。

小 Y 是一位很腼腆的女生，看起来清秀温和。她的工作之一就是每天向不同合作方（包括政府的办事人员）收集报表。尽管这份工作并不复杂，但因为合作方不配合，她几乎每一张报表都得打好几次电话去催对方，对方才会拖拖拉拉地提交上来。时间久了，她就容易与对方拌嘴，有时甚至会吵起来。这种工作状态常常使她陷入悲观情绪，有时干脆都不想说话了。

在一次与我们的交流中，她跟我们分享道："老实说，我从小到大就知道这种工作文化。我爸妈也都是体制内的，回家后也常常会抱怨单位里的张三李四。我选择去国企，一方面是因为我不想在工作上太拼，可以有更多时间陪家人；另一方面，是因为我以为自己能适应这样的文化。但真到现实中才发现，我根本受不了这样的情况。我很好奇，为什么我对这种工作环境都有预期，而且知道大家都是这样的做事方式，但还是不能控制自己的情绪呢？"

这个案例之所以让我们印象深刻，是因为它让我们认识到：即便如小Y这样性格温和，并且对工作场合的交流文化早有认知的职场人，依旧会在不顺畅的沟通中憋出情绪，那对那些本来就脾气急的朋友们来说，岂不是更容易因为情绪陷入冲突？另外，除了生闷气，小Y还特意提到了“不愿意说话”这一负面情绪的另一种表象，它对高难度沟通又有怎样的影响呢？我们又该怎样去处理“生气”与“沉默”这两种情绪呢？

要解决这些问题，咱们首先要理解情绪的发生机制。

了解情绪发生机制，为管理情绪做好准备

“情绪”是心理学中非常重要的课题，如果你对这方面的理论知识感兴趣，可以阅读《心理学与生活》[①]中的第十二章，来系统地了解情绪。但在这里，我们想给你分享情绪的发生机制，教你一套能直接上手应用的方法。因为这个知识点，与高难度沟通现场的情绪管理有着密切关系。

根据科里·帕特森等人在《关键对话》[②]一书中的分析，我们在

① 《心理学与生活》（第19版），理查德·格里格、菲利普·津巴多著，人民邮电出版社。

② 《关键对话：如何高效能沟通（原书第2版）》，第94页，科里·帕特森、约瑟夫·格雷尼、罗恩·麦克米兰、艾尔·史威茨勒著，机械工业出版社。

高难度沟通中的情绪发生及作用模式包括下面四步：

1. 所见所闻

2. 主观臆断

3. 形成情绪

4. 产生行为

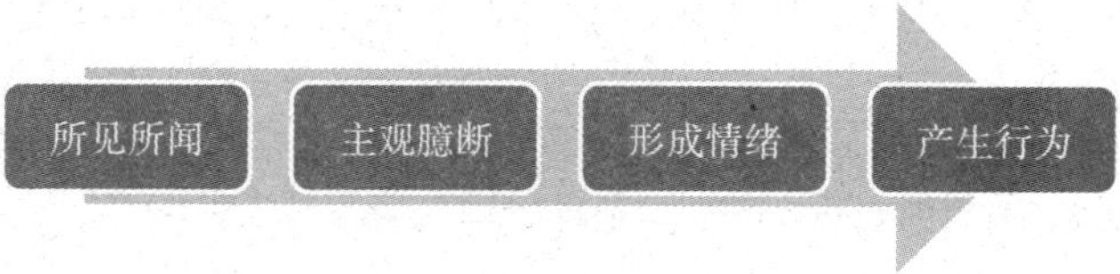

我们来看一个因为“冲突”而产生情绪的例子：

王经理是公司销售一组负责人，因为业务扩张，正在招聘新人。就在他和两个人选谈得差不多的时候，销售总监李总告诉他，准备把销售三组的两个人调到他的团队，他们暂时不要外部招聘了。

王经理非常生气，一方面，因为李总没和他沟通就做了他组里人事调动的决定，他觉得李总不尊重他小组负责人的角色；另一方面，他觉得新调来的同事在能力上并不符合他的要求，让他后面的工作会很难做。

于是，他火气很大地去找李总理论，想取消这个安排。结果你猜怎么着？李总非但没支持王经理的想法，反而责备他只顾自己组的业绩，作为公司骨干和储备干部，却没有大局观。王经理听到李总的批评后，心里很委屈，也很生气。

如果你是王经理，在这种情况下该如何处理自己的情绪，做到顺畅沟通呢？

类似这样的例子，我们经常会碰到。职场上，很多人都特别在乎别人（特别是像老板这样的关键人）对自己的评价，情绪上也经常因别人的评价而不由自主地波动。但很少有人会去观察自己的情绪到底是怎么生成的。

我们不妨套用上面的模型，来分析一下王经理内心中情绪的生成过程：

情绪发生机制	王经理的情绪生成过程
所见所闻	王经理发现李总没有提前和他商议就干预他组里的人事调配
主观臆断	王经理觉得李总非但不尊重他这个小组负责人，还把能力不达标的人给他，这是让他收拾烂摊子，成心难为他
形成情绪	基于自己的主观臆断，王经理非常生气
产生行为	在情绪的影响下，他直接找李总理论，火气很大地指责李总这个决定太武断，不适合他们销售一组的现状，是非常错误的

通过这个例子，你有没有发现：情绪产生的原因是我们对某件事了解得不够全面；而因为受情绪影响，我们又做了不恰当的事，说了不合适的话，产生了更坏的结果。对于高难度沟通来说，情绪

的确会带来很大的麻烦，但如果你换一种视角来看，情绪恰恰会刺激你去了解那些你没了解到的背景、动机等信息。

了解情绪的基本分类，提前为现场的情绪辨认做准备

情绪有很多种。美国心理学家普拉切克（Plutchik）根据情绪的强弱性、相似性和两极性这三个维度，提出了情绪轮概念（Plutchik's Wheel of emotions）①，定义了八种基本情绪，以及根据它们的强弱表现发展出来的复合情绪。比如，愤怒是一个基本情绪，比它强度低一些时，表现为生气；比它强度高一些时，表现为狂怒。

人的情绪很复杂，但对处理高难度沟通来说，我们并不需要非常精确地知道自己当下的情绪到底是属于心理学家定义的哪种情绪。我们只要能识别出三类基本负面情绪即可，它们分别是愤怒、悲伤和恐惧。

为了方便你理解这三种情绪，我们帮你总结了这些情绪相对应的人的感受。同时，我们也会把它们放在情绪生成过程的四步中去，告诉你在职场上产生这些情绪时，一般发生了什么情况。

先来看愤怒。“愤怒”的本质，是因为对某人某事的不满。这种不满，程度低一些时，是“生气”；程度高一些时，就是“狂怒”。

① Plutchik, R. *Emotion, a Psychoevolutionary Synthesis*; Harper and Row: New York, NY, USA, 1980.（罗伯特·普拉切克，《情绪：心理演化综合体》）

在职场上，哪些情况会让你愤怒呢？根据我们自己的观察，最常见的是以下这些：

- 自己无故“背锅”
- 发现对方故意欺骗自己
- 碰上了能力与品德都不行的“猪队友”（包括下属、上司、同事等）

再来看悲伤。“悲伤”，也就是悲痛哀伤。程度轻一些是“难过”，重一些是“悲痛”。在职场上，它更多是由于丧失某些东西和失败引起的一种情绪反应。因此，凡是经历了与丧失和失败相关的职场事件，你都有可能会产生悲伤的情绪。比如说：

- 因为工作没做好，被领导批评了
- 因为能力欠缺或某方面不足，没能在竞争中胜出
- 与你关系很不错的下属（或者上司、同事等），离开了现有公司
- 自己跟了很久的一项新业务，因为实力不济或其他因素，最终不得不放弃

最后，我们来看“恐惧”，它的本质是害怕受伤。程度低一些时，就是“担忧”；程度高一些时，就是恐怖。在职场上，它主要是指对自己在组织中的未来缺乏安全感。一般来说，下面这些情况会让你产生恐惧的情绪：

- 自己没说对话，可能会被对方批评
- 被炒掉，失去工作
- 别人诋毁自己，让自己的名誉受损
- 别人使用不好的手段，自己都没办法防范

当你提前了解了这些基本情绪以及它们背后常见的职场是非之后，就可以更好地在高难度沟通现场应对自己的情绪。

用“让自己的情绪听话”三步法，管好现场情绪

了解了情绪的产生及作用机制之后，那我们该如何识别、引导自己的情绪呢？我们在这里给你总结了一套“让自己的情绪听话”的三步法，方便你在高难度沟通现场使用。

第一步：观察自己当前的行为

当你在高难度沟通中开始出现激烈的情绪，是有很多外在信号的。比如，你会心跳加速、脸部发烫、音量变高、身子前倾、手掌冰凉、手心冒汗等。如果你在对话过程中感觉到了这些信号，那就说明你的情绪已经上来了。

当然，也许你会说，我在高度紧张的沟通对话现场，不可能那么敏锐地自动感知到这些生理变化啊！那也没关系，我们再教你一个“手动”方法，那就是一旦发现你在对话过程中有些不舒服或不顺畅，就问自己一个问题：“我是不是想‘战斗’或‘逃跑’？”

如果答案为“是”，那就说明你已经开始陷入情绪中，接下来你的言行举止，很可能会非常冲动，应当立即启动“让情绪听话”的第二步。

第二步：确定行为背后的情绪

当你意识到自己已经有了情绪之后，先不用着急把它压制下去，而是应该花一点点时间了解、确定自己的情绪。因为很多时候，我们并不知道自己到底处在什么样的情绪中；而如果你不知道自己处在什么样的情绪中，就很难找到一种合适的策略来应对它。

比如，在前面王经理的案例中，当他觉得自己很生气时，他可以这样在心里与自己对话：

我现在有情绪，很生气，但本质上这是什么情绪呢？是因为李总没告诉我，让我生气了？好像不是。坦白来说，相比李总的决定本身，我更担心，或者说是害怕李总不尊重我的自主权、不信任我。而且这样的人员配备，让我以后的业务很不好开展，对我将来在公司的发展非常不利。

你会发现，王经理最开始以为自己的情绪是愤怒，但最后确定为恐惧。

在这里，我们想给你理清两个关系：

一、情绪不同，解决它们的思路就会不同。

比如，案例中，如果是愤怒情绪，那么，应对策略是：面向未来，要找到机制让对方不再“独裁”；针对过去，要让对方诚恳地向你道歉等。而如果是恐惧情绪，那应对策略就是提升自己，既要长期提升自己的能力，也要多加强管理，比如帮助团队提升月度销售业绩等。

二、应对思路不同，通过沟通来解决当前情绪的方法就会不同。

在案例中，如果王经理在高难度沟通现场感到愤怒，应该和对方说明自己的感受以及生气的原因，并请对方解释为什么没有提前沟通。一旦了解了李总做出决定的原因，他可能就不会生气了。比如，李总其实非常欣赏王经理的带人能力，特意将两位需要提升的同事交给王经理来培养。这种情况下，王经理高兴还来不及呢，怎么还会生气？

但如果王经理的情绪是恐惧，那他最好能问明白李总为什么要做出这样的决策？他为什么要把这两位同事放在自己这里？一个人之所以恐惧是因为眼前的状况充满不确定性，他对此感到无法掌控。通过交流，一旦知道了李总的想法，特别是他的期待之后，王经理的恐惧情绪就会得到消除。

当然，如果王经理经过训练，成为沟通高手时，他会这么做：主动邀请李总一起沟通，讨论为了达成李总的期待，双方各自能做什么，李总愿意提供哪些支持等。这样一来，王经理就会更有安全感。

第三步：分析情绪背后的主观判断

当你有了负面情绪之后，要想管理好它，就要分析这些情绪背后的“主观判断”。

很多时候，当我们情绪上来时认为正确的判断，在事后都会被验证为是错误的。但在高难度沟通中要认识到这一点却很困难。因为我们倾向于认为只有自己的想法才是正确的、合理的。比如，在上面的案例中，王经理在产生负面情绪时就认为李总的决策是错误的，而自己的是对的。

那这种时候该怎么办呢？你可以记住一条原则，那就是不要把“主观判断”与“客观事实”混为一谈。王经理可以这样问自己：

李总没告诉我，是他故意不告诉我，还是因为太忙，忘了告诉我？又或者，李总也有很多难处，所以还没想好怎么告诉我？如果我还没有这些问题的答案，那我就不能瞎判断。

这样自问后，王经理的情绪就会缓和下来；到最后，他可能会发现李总就是太忙了，没来得及和他打招呼。

我们自己的感受是：当你经历了更多的高难度沟通，并且愿意用这个方法来处理情绪时，你就能理解一个事实：大部分因为理解导致的分歧与误会，都是因为双方没有进行有效的沟通。

通过这三步，我们希望你能知道：当你在高难度沟通现场因为主观判断而产生负面情绪时，你要意识到，自己的主观判断有可能是不对的。当你发现并没有客观、完整的事实依据，来支撑你的主观判断时，你的负面情绪就会自动地被处理掉。

别去压制情绪，你可以从容、安全地表达自己的情绪

在学完这三步法之后，你可能会觉得这三步法要做的还是把憋

在心里的情绪消化掉，但如果你非要一吐为快，发泄心里的愤懑之气时，该怎么办呢？

这就是本节我们要给你分享的方法——从容、安全地表达自己的情绪。在练习之前，你需要先了解为什么在高难度沟通中不能压制自己的情绪。

为什么在高难度沟通中不能压制自己的情绪？

人是兼具理性与感性的生物。所以，没有人能够永远保持理性，每个人都或多或少会有一些情绪化的时候，如果一直把情绪压在心里，人是会憋坏的。

在高难度沟通现场，如果把情绪藏在心里，不表达出来，一定会阻碍对话的顺畅推进。因为沟通是一个双向的信息与情绪交流的过程，如果你把情绪藏起来，对方就没办法完整地判断你到底想说什么，从而导致沟通脱轨。

我们不妨一起来看一个案例。

每年评估季，都是刘总监最难熬的日子，他一面要为团队争取更多升职加薪的机会，一面要平衡团队成员的需求。

这不，今年的评估结果和激励方案刚报上去，下属赵经理就气冲冲地来找他，质问他为什么没给自己加薪。刘总监被这么突然的无理质问，火气和委屈一下子就上来了，但他想着要照顾团队成员的情绪，自己不能发火，于是强压着情绪，和赵经理解释，按照今年公司的情况和政策，她不在加薪的范围内。

还没等他说完，赵经理就愤怒地打断他："刘总，您别总拿公司政策来搪塞我们。我这一年顶了咱们部门大半的业绩，竟然都得不到奖励，那政策上到底什么人才能加薪？我看你就是怕领导，不愿意帮自己人争取，真让我们寒心！"

刘总监听了，再也忍不住了，也质问道："你凭什么说我没帮自己人争取。我为了帮咱们部门争取名额，费了多大劲，你知道吗？再说，你是不在加薪范围里，但你知道我其实是给你做了其他的激励方案吗！动不动就随便发脾气，我看你是太不成熟，亏你还是个'经理'呢！"

赵经理此前并不知道刘总监做了激励方案，觉得自己随便发脾气是理亏。但双方都正在气头上，赵经理嘴上也不愿意服软，一冲动就说："你自己做的方案，又没提前跟我说，也没和我们商量过。我怎么知道啊！"

两个人互生不满，大吵了一架，谈话自然也就不欢而散。

通过上面这个案例，你可以很清楚地看到：如果不能感知对方的情绪，那沟通的效率就会大打折扣。

相信你也有一样的体会：很多时候，沟通的内容（也就是说了什么）本身并不重要，重要的是沟通双方或多方能否在情绪上保持心平气和，达到情绪共鸣，从而把话说清楚、说明白。而要想做到这一点，你就需要学会适时地表达自己的情绪。

该如何做到呢？在高难度沟通的高阶应用中，你可以有技巧地将“情绪”嵌入到沟通中，勇敢地开口表达情绪，从而促进双方的对话进展。

学会表达情绪，而不是用情绪来代替表达

要想在高难度沟通现场安全地表达自己的情绪，你需要三个步骤，它们分别是：

- 整理好自己的情绪
- 用中性表达法阐释情绪，解释情绪背后你的所见所闻
- 提出你的期待

第一步：整理好自己的情绪

在表达情绪之前，除了识别情绪，你还需要整理自己的情绪。所谓整理情绪，就是要在高难度沟通现场做到这两点：

- 把太复杂的情绪梳理成一两种最主要的情绪
- 让太过强烈的情绪降降温，变得温和一些

在前面的案例中，刘总监突然被质问时，最直接的情绪是愤怒，深挖一层，可能还有厌烦和疲惫等情绪。这种情况下，刘总监的情绪非常复杂，也很强烈，对沟通来说是极其危险的。

这时候，刘总监该怎样整理自己的情绪呢？他可以这样来做：

在所有复杂的情绪中，让刘总监最不爽的，是自己的好心没被理解，此时的情绪是“悲伤”，同时，他也讨厌公司收紧预算，不能给员工加太多工资，此时的情绪是“厌恶”。在确定了这两种情绪之后，刘总监需要做的是给这两种情绪降降温，让“悲伤”变成“小伤心”，让“厌恶”变成“厌烦”。

第二步：用中性表达法，来阐释情绪

当你整理好自己的情绪之后，就可以开口表达了。

很多朋友因为没掌握好这个技巧，经常会在这一步踩雷，激怒对方，给本来就紧张的关系“火上浇油”。

比如，没有经过训练的朋友，他可能会像下面这样错误地表达情绪：

- 你做的 ×× 事，让我非常生气。你怎么可以这样？必须要给我个说明！
- 你太让我失望了，我希望你对我道歉……
- 你说的这些话，让我听了非常不爽……

你发现上面这些例句的共同特点了吗？在句式上，它们本质上都是“你让我××了”，明显带有攻击性。

就像在第一章中提到的那样，很多人在受到这样的指责与攻击时，都会立刻进入到“战斗”状态，与对方争吵起来；如果吵不过，就会进入到“逃跑”状态，结束与对方的沟通。无论哪一种情况，对推进高难度沟通、解决问题来说，都会带来更大的麻烦。

那么，表达情绪的正确方式是怎样的呢？其实，你只要遵循一个句式就行：

从我这边来说，我感到很生气（此处是你整理好的情绪），因为我看到（听到）了（这里填入你自己的所见所闻），但事实并不是如此。

简单来说，这个句式是由两部分组成的：一、客观说清楚自己的情绪感受；二、解释清楚你的情绪来源，也就是你的所见所闻。这两者缺一不可。

回到上一节的案例中，刘总监在和赵经理解释前，就可以说：

从我这边来说，我觉得很难过，因为我听到你指责我不为大家争取，但你并不知道我为了给你争取权益，到底尽了多大的努力。

通过上面的句式与应用，你会发现：阐述情绪是不带有攻击性的，只是把自己心里的感受，以及自己的所见所闻表达出来。如果你是带着指责的目的来表达情绪，你只会在高难度沟通现场遇到更多的分歧与误解。

另外一点你需要特别注意的是，当你解释情绪背后你的所见所闻时，一定要只说你自己真实看到的、听到的，而非主观臆想出来的。职场上，有很多是是非非都因谣言、八卦而起。本来并没有什么，但如果你听到了谣言、八卦，又加上自己的各种主观臆想，并在表达情绪时说了很多不是你看到听到的事，就会让原本很复杂的高难度沟通变得难以收场。

第三步：提出你的期待

在表达清楚自己的情绪，并讲明白这些情绪的源头之后，为了推进对话，你还需要提出你的期待。

当然，这里的期待，不是指“你必须要现在就给我道歉！”或者“你得给我个解释”这种负气的话，而是要从解决问题的角度，把对话引导到你的沟通目标上来。你可以参考模块一中的沟通目标列表。

在这里，你最主要的沟通目标就是弄清楚双方的分歧到底在哪里，因此，当表达清楚情绪之后，你可以接上这样一句“期待”：

我感到生气，因为我看到你××。但是，未来我们需要继续合作，因此，我需要了解咱俩的分歧到底在哪里？我看到的××只是我看到的，我也想听听你看到了什么，听到了什么，以及你是怎么想的。

我们继续举案例来说，刘总监可以这样接着与赵经理交流：

从我这边来说，听到你指责我不为大家争取，我感到很难过。但是，咱们的团队是要继续发展的，我已经基于公司能提供的资源，对咱们团队每个人都制订了相应的激励计划。你要不先听我讲讲这个方案？我也想听听你的反馈与建议。

你看，这样回应，既表达了情绪，也将对话推入了正轨。当你学会了上面的回应方式之后，就可以在被冤枉或指责时，得体地进行回应了。

本章总结

- 管理好自己的情绪，是应对高难度沟通，推进对话的基础。
- 在高难度沟通中管理自己的情绪，首先要了解情绪的发生及作用模式，以及它的基本分类。情绪的产生一般有四步：1. 所见所闻 2. 主观臆断 3. 形成情绪 4. 产生行为。
- 你可以用“让自己的情绪听话”的三步法，管好现场情绪，这三步分别为：观察自己当前的行为；确定行为背后的情绪；分析情绪背后的主观判断。
- 同时，你还要学会从容、安全地表达自己的情绪，你可以通过“弄清楚并整理好自己的情绪、用中性表达法阐释情绪、提出期待”这三个步骤来表达情绪，而不是用情绪表达。

模块三：疏导对方的情绪，为双向对话守住安全氛围

上一个模块中，我们给你分享了高难度沟通中管理好自己情绪的方法。对于为对话最终负责的你来说，管好了自己的情绪，可以显著减少因为情绪带来的沟通障碍，大大提高对话的安全氛围，最终顺畅地推进对话。我们相信，随着你在现实中的不断练习，你一定会感受到管理、驾驭好自己情绪的好处。

但是，管理好了自己的情绪，高难度沟通就能变回到正常的沟通了吗？现实没那么简单。因为大部分情况下，对方也有情绪。这种情况下，你又该怎样主动去引导、管理对方的情绪呢？这就是接下来这个模块要解决的问题。它也对应了“高情商金字塔”框架中的“心”部分。

在这一模块里，你将学习到：

- 如何在高难度沟通现场识别对方的情绪

- 学会道歉，及时帮对方的情绪泄洪
- 认可对方的情绪，保持对话的安全氛围

有能耐的人，不仅可以驾驭自己的情绪，更能疏导管理对方的情绪。我们希望你在这个模块里学到的东西，能更好地帮助你应对职场上各式各样的高难度沟通。

认识高难度沟通现场对方的情绪

要说职场上那些让人不爽的沟通场景中，最让人讨厌的具体行为是什么，那一定是对方在沟通现场表现出来的各种情绪。

从破口大骂到摔门而去，从尴尬不语到当众哭泣，各种各样的情绪“戏”不断上演。在职场十多年，我们自己主动、被动经历过很多类似这样的场景。因此，有时坐车路过像北京国贸那样的地方时，总会不自觉地想起那些高楼里，又有怎样的职场“互撕”大战正在进行？在这些争执中，又有多少人是真的在讨论事情，而不是在情绪上互相较量？

用同理心，理解对方也会产生情绪

大部分的高难度沟通，是由情绪引爆的。应对高难度沟通，管理对方的情绪是必经的一步——无论是狂风骤雨般的发泄，还是沉默不语式的压抑，你都必须能像拆弹专家一样，勇敢地应对对方的情绪。要做到这一步的前提条件是：你能认可“对方有情绪”这件事的合理性。

然而，我们观察职场沟通多年，一个令人哭笑不得的发现是：很多人觉得自己产生情绪，有十足的理由；但对对方产生的情绪，经常表示不可理解。“这人怎么那么容易有情绪啊？”类似这样的抱怨，相信你也经常会听到。

但事实上，与自己的情绪一样，高难度沟通中，对方情绪产生的机制也遵循同样的客观规律[①]。每个人外在表现出来的情绪，背后也同样有他的所见所闻，以及他的主观臆想。比如说，客户对你们的服务表示失望、生气，很可能是由于你们有两次没有按时交付，因此，他就带着情绪地认为你们的态度有问题，服务不尽心。

而管理对方情绪的专项能力，可能是职场发展中，最值得投资的能力。

因为工作的原因，我们经常会观察那些在沟通领域里做得特别好的企业家、主持人等的表达。比如，很多人都知道主持人何炅常常在各种节目中完美救场，因为他总是能敏锐地感知嘉宾的负面情

① 请参考模块二中的第一节内容

绪，并且体贴而不露痕迹地化解。比如，做综艺类节目，他能照顾到新人嘉宾的拘谨，带他快速融入现场的气氛；做竞赛类节目，也能觉察出场上选手的紧张，用自己的经验开导他放松下来。这些都展现出了他在管理对方情绪上过硬的专业能力。

如何快速识别高难度沟通中对方的情绪?

要想管理对方的情绪，得从识别对方的情绪开始。而识别对方的情绪，就得先了解高难度沟通现场对方可能的情绪表现形式。

和自己的情绪一样，高难度沟通中对方的情绪一般也会有两种情况：一种是爆发式的，另一种是沉默式的。

爆发式的情绪比较好识别，通常有两种表现：

- 第一种是控制对话：对方会通过提高声量、强行抢话等方式，试图掌握对话的主导权
- 第二种是语言攻击：对方会通过直接或间接地谩骂、讽刺、质问等方式攻击你，试图在对话中使你服软

你有没有发现，无论是哪一种，对方这种强烈的情绪背后，都是想告诉你：他是对的，你是错的，你得听他的。我们来看一个很多公司都会发生的与财务的冲突案例：

S 是公司负责报销的财务会计，销售员小张的报销不合格被 S 退回去了。小张来问原因，S 解释说其中一张票在系统里填错了，让他重新填。可是小张却说："这也不是大事，我们最近太忙了，没空来回折腾报销，你帮忙改一下，不就行了吗？"S 告诉他："我们没有权限修改你们的报销单据，再说，这件事你们花一分钟时间就能改好，也不耽误你们时间的。"没想到小张却不耐烦了，对 S 吼道："我们每次报销你们都挑刺，我看你们部门就是太闲了，诚心折腾我们！"不管 S 怎么好言相劝，小张都抢过她的话头，指责财务部门不配合业务的工作，天天捣乱。最后，小张还扔下一句"也不想想是谁每天在给公司挣钱！"就愤愤地走了。

类似这个案例中小张所表现出来的情绪，就是典型的"爆发式情绪"。

我们再来看"沉默式情绪"。有时，对方会把情绪憋在自己的心里，虽然没有直接爆发出来，但它也会严重地破坏正常的对话。它的基本表现有三种：

- 第一种是陷入沉默，不说话：无论你怎么着急、愤怒，对方就是闭口不说话，让你毫无办法

- 第二种是直接逃避：比如，在对话过程中，直接说一句“我忙，不想和你说了”就离开了会议室，把你一个人晾在那里
- 第三种是避开主话题，说话兜圈子：对方说话很婉转，不敢与你在当前话题上正面交锋，犹犹豫豫兜圈子

“沉默式情绪”的背后，都是因为对方缺乏安全感，想快点逃离当前对话。

比如，你让下属小王做一个项目规划，结果过了一星期，他都没给你任何反馈，你也不知道他进度如何，就把他叫来询问。

结果，在沟通现场，他也不正面回答你，而是说：“哎呀，这个星期太不顺了，手头A、B、C三个项目轮番出意外，虽说是搞定了，可是每天都加班到后半夜，真是累死了。”

你感觉出他可能还没有做你吩咐的项目规划工作，于是追问道：“我也知道这些突发情况，确实辛苦你们了，那新项目的规划是不是还没有做？”

小王被你说中，心里有点不好意思，又怕你责备，所以不敢承认，于是继续绕着弯子说那几个项目是多么棘手，就是不提新项目规划的事，弄得你既着急又不能发脾气。

类似小王这样的情绪表达，相信你在工作中肯定也碰到过。它不一定是来自下属，有时候，上司可能在碰到一些难题时，也会采用这种方法。

如果你在高难度沟通中，观察到了上述两种情绪的五种表现，那你就要非常小心，并且立即启动管理对方情绪的程序。一般来说，它包括两个步骤：

- 一、快速扑火式，也就是学会道歉，帮对方的情绪快速“泄洪”
- 二、以维持对话沟通安全氛围为核心目的，那就是认可对方的情绪

学会道歉，帮对方的情绪快速“泄洪”

识别到对方的情绪之后，如果你想让情绪激动的对方冷静下来，回归理性，你需要帮对方的情绪“泄洪”，恢复对话的安全氛围。

为什么我们用“泄洪”来比喻呢？因为在高难度沟通中，情绪来时很像洪水。要治洪水，靠堵、靠压制是不行的，因为总会有决堤的时候；治洪水得靠有策略的疏导。管理对方的情绪也是一样的道理。

那么，当对方的情绪像洪水一样倾泻而来时，你该如何应对呢？

其实，无论是“沉默式情绪”，还是“爆发式情绪”，它们对高难度沟通来说，产生的结果是一样，那就是让对话无法正常推进下去。这种时候，你不用纠结于对方是处在哪种情绪里，而只要专注于解决一个问题，那就是疏导对方的情绪。

具体怎么做呢？在这里，我们向你推荐一个非常实用的技巧：暂停对话，即刻道歉。

当你观察到对方在对话中表现出了情绪，随时可能逃离正常的对话时，你一定要用这个方法：暂停对话，即刻道歉。比如，你可以说：

对不起，如果我刚才的表达让你生气或不舒服了，我先道歉。

根据我们自己的实践，这个方法可以迅速补充对话中的安全空气，让原本可能陷入“爆发式情绪”或“沉默式情绪”中的对方冷静下来。回到上一小节中的两个案例，这个方法同样适用。比如，你可以对销售小张说：

对不起，小张，如果我刚才说的话让你生气了，我先道歉。

你可以对下属小王这样说：

不好意思啊小王，我刚才是不是追问得太直接了？抱歉抱歉。

类似这样的道歉，在现实中非常好用。但也许你会问，动不动就主动道歉，是不是会显得非常软弱，不利于高难度沟通，特别是在类似合同谈判、资源争取类的对话中？

其实不是。

主动道歉是一种推进对话的姿态与担当

高难度沟通的黄金原则之一就是始终确保对话的安全氛围。没有安全氛围作为基础，你所有的表面强势或坚持，都只会把对话拖入僵局。

李经理是个做事雷厉风行，说话很强势的女强人，总喜欢“以理服人”。论说理，谁都说不过她，所以公司同事对她都很“敬畏”，但也敬而远之。她自己也能感受到同事们对她的态度，所以也在慢慢学习、调整。

有一次，她催HR（人力资源部）帮她招人，HR小路深知李经理的风格，于是一切按流程操作，根据职位要求推简历，安排面试。

但李经理对人选都不满意，就去找小路理论，说：“小路，这周你们推荐的人选我面试下来都不行，你们能不能严格把关一下？咱们不是有猎头公司帮忙推荐吗？这人选质量怎么还这么差？”

可小路也有理，她早就防着李经理来理论，说道：“所有人选都是按照您提供的职位要求筛选的，你看，学历、工作经验都完全符合，难道你的要求和职位介绍写得不一样？”

李经理听了一愣，想起最近学的沟通课程，发现小路可能被自己激起了情绪，于是让自己冷静下来，对小路说：“小路，对不起，我刚才说话可能太冲了，先给你道个歉。我可能没说明白，你推荐的人选都是符合要求的，但我面试下来，发现他们在工作能力上和这个职位不太匹配，这方面可能是我之前和你交流得不够。我想再和你聊聊。”

小路听李经理主动道歉，也很意外，想到自己接到招聘需求时也没有详细和李经理沟通，于是也放下防备心，和李经理一起仔细讨论人选标准，很快就帮她找到了合适的人。

上面这个案例中，李经理能快速识别小路的情绪，并及时道歉，就做得非常好。另外，你有没有发现，我们说的道歉的话都有一个共同特点，那就是并没有为事实，或自己的观点道歉？

比如，李经理说的是“对不起，我刚才说话可能太冲了，先给你道个歉”。她并没有为自己之前的观点及事实——HR所招的人，经历与工作岗位并不匹配——而道歉。

这就是我们接下来要讲的一个很重要的知识点：高难度沟通中真诚但讲原则的道歉。

真诚但又讲原则的两种道歉

很多学员问我们："老师，这件事压根就不是我的错。我没错，凭什么要我去道歉呢？"

如果你也有同样的想法，那我们希望你能认识到以下两点：

- 道歉是一个战略性专业动作。在高难度沟通现场，无论你是对还是错，你都可以通过道歉，帮助双方回到安全氛围。
- 同时，道歉并不是没有原则的，你是在为自己的言行产生的客观影响而道歉。

关于第一点，我们可以从另外一个角度来看“道歉”这个小动作。

我们夫妻俩有很长一段时间在公关一线。你也可能听说过危机公关。在进行危机公关时，有一条看上去没有道理，但却是必须要遵循的规律，那就是及时道歉，哪怕你并没有犯错。为什么？因为如果不道歉，你就根本不可能找到一个正常的沟通机会。就像在高难度沟通中，破坏了安全氛围，对话无法进行一样。

无论是对个人，还是对企业，我们都需要这样做。即使我们没有错，我们内心深感委屈，也要本着为沟通结果负责的态度真诚地向对方道歉。

再来看第二点：道歉并不是没有原则的。我们说要主动道歉，并不是说要违心地道歉。在高难度沟通中，如果你并没有做错什么，那么，你只是在为自己言行产生的客观影响而道歉；

比如当你说出“对不起，如果我刚才的表达让你生气或不舒服了，我先道歉”这句话后，你并不是在为自己的观点道歉，而只是在为“对方可能因为你的表达而不舒服”这一客观影响而道歉。

当然，如果确实是你没有做到位，那就更应该真诚地道歉了。其他任何说话技巧，都比不过一个真诚的道歉。在这里，我们也分享一个句式给你：

对不起，你刚才告诉我的这些（比如 ××），我之前不知道，但我认为你说的是对的。我之前做的 ××（或说的 ××）是不对的。对此，我向你道歉。我也希望咱们在互相认同（×× 的）基础上，可以尽快将这个问题解决掉。

多加使用以上的道歉方式，相信你就能引导对方把对话往解决

问题的方向推进了。

认可对方的情绪，时刻维持对话的安全氛围

除了主动道歉外，第二个管理对方情绪的技巧是：认可对方的情绪，并表达出来。

无论是否在高难度沟通中，要想沟通顺畅、舒服，你需要表现出能理解他的感受与情绪。这份情绪可以是正面的（比如开心、兴奋），也可能是负面的（比如失望、生气）。你可以想象一下：当你特别兴奋地与老板分享一个好消息时，你肯定希望老板与你一起高兴；反之，当你与同事抱怨一件不开心的事情时，肯定也希望对方能理解你的感受，甚至期待他也能陪你骂几句。在沟通中，这项技能叫“认可对方的情绪，并表达出来”。

什么意思呢？我们不妨来看个例子。

你团队中刚来的同事小菲是一位新妈妈，性格很温和，但工作上最近也有很多问题。好几件事都没按约定时间完成；做事过程中，还有很多的纰漏。为了解决问题，你特意约了她聊天，想与她好好交流一下。没想到，你刚指出问题，小菲就说：“我有了孩子后，要兼顾家庭与工作，非常累，没办法出色完成工作。”说完，小菲

就低下了头，陷入了沉默，对话完全进行不下去了。你也不知道该如何推进。这种情况下，你该怎么办？是怪小菲不够职业化？还是就心一软，接受了她的解释？

在没沟通前，别用理性来苛求对方的情绪

碰到上面这样的案例，很多没有经过训练的朋友，可能内心会想：带孩子是你的私事，公司付你工资，是要让你干好活的，你不能因为家里的事而影响工作的事。

这个想法本身可以理解，但在高难度沟通中，这样的想法只会产生两个结果：第一，你直接就把这样的意思说出来了，小菲听到后很难受，进入到爆发或沉默式的情绪中；第二，即便你克制住自己，不直接说出来，你也不知道该如何“正确”地接话，让场面陷入尴尬。

如果你经过训练，你就会知道这时候你要做两件事：一是认可她的情绪及感受。你要结合小菲平时的性格，分析小菲说“累”是在找借口，还是真的很努力了，只是因为带孩子太累，导致没做好；同时，你也要分析她说完后为什么会沉默不语。通过这些分析，你可能会发现小菲其实是在表达一种挫败感，以及对工作没做好的愧疚感。

理解了这一点之后，你做的第二件事就是清楚地把你对她情绪或感受的理解表达出来。这里有一个很重要的技巧，那就是像照镜

子一样“复制”对方的情绪或感受。说白了，就是对方表达了什么情绪或感受，你就也说什么样的情绪或感受。比如，在小菲这个例子中，你可以尝试这样来表达：

小菲，我虽然自己还没有孩子，但我想我能理解你肯定很累，也相信你肯定也想把工作做好。我们可以交流一下团队怎么帮助你，让你在带孩子的这段时间，把工作做好。比如，工作流程及时间上咱们怎么互相调整，以适应你带孩子的需求，同时也让团队的工作能正常推进。你有什么想到的办法，也可以告诉我。好吗？

你可以想象，小菲听到这样的措辞，是不会一下子进入到“打赢”或“逃跑”模式中的，她会继续配合你进行对话。

告诉对方你懂他的情绪，他便没有必要再闹情绪

通过“照镜子法”复制对方的情绪，表达对对方的认可与理解，可以适用于各种情绪。比如：

- 对方正在生气，你可以说：“我理解你现在可能很生气，要换了我，我也会生气的。”
- 对方很焦虑，你可以说：“我理解你在做这件事情前会很烦躁、

焦虑，要换作我也没办法淡定。”

为什么这个方法有用呢？其实，你这么说是在向对方表明一个信号，那就是“我懂你”。一旦对方知道你懂他的情绪，他就没必要再通过展现情绪来博得你的认同，情绪自然也就淡化了。而你也可以实现这个沟通阶段的最主要目标——让对话继续。咱们一起来看个小案例：

小林在和客户谈B项目的方案，但客户却一直在催你A项目的进度。小林告诉客户A项目在按部就班地推进，今天主要聊B项目，但她还是不放心，三两句话就拐回到A项目上，而且越聊越乱。

这种时候，你如果还显得非常淡定，她就会觉得你在A项目上不够上心，也越来越焦虑。

好在小林学过表达情绪认同的方法。小林对客户说：“我理解A项目非常重要，执行时间也比较紧，换作我是你，每天被内部各种人追问，也会很着急。”说完这句话之后，小林特意停顿了一下后，继续说道：“同时，我们这边也会盯紧，每天也会给你更新进度。你看，现在一切都按进度在推进着。你可以把咱们的进度表，发给你的同事们。”

当客户知道小林也和她一样着急，她就能放心很多，也能把精力拉回到B项目上来。

其实，如果你具备了识别对方情绪，并懂得表达出你对对方情绪的认同，类似上面这样的高难度沟通情景，就很容易应对。

本章总结

- 应对高难度沟通，管理对方的情绪是必经的一步，它的前提是：你能认可对方有情绪这件事的合理性。
- 和自己的情绪一样，高难度沟通中对方的情绪一般也会有两种情况：一种是爆发式的，另一种是沉默式的。
- 识别到对方的情绪之后，如果你想让情绪激动的对方冷静下来，回归理性，就需要用“暂停对话，即刻道歉”这个战略性专业动作，帮对方的情绪“泄洪”，恢复对话的安全氛围。当然，道歉并不是没有原则的，你只是在为自己言行产生的客观影响而道歉。
- 另一个管理对方情绪的技巧是：认可对方的情绪，并表达出来。你可以通过照镜子式地复制对方的情绪，表达对对方的认可与理解。

模块四：善用情感的力量，为对话不断导入正向动力

在上个模块中，我们给你介绍了为什么“情绪”是高难度沟通中需要解决的关键问题，并介绍了“疏导对方的情绪，为双向对话守住安全氛围”这个核心技能。

我们花了整整一章的内容去学习如何管理对方的情绪，可能会让你觉得情绪是一个“坏孩子”，你必须好好管教他。但是，情绪其实不一定是个坏孩子，如果你管教得好，他也可以给你的高难度沟通带来很多正面的影响。而要做到这一点，就需要满足藏在情绪表象背后的情感需求。

这一章，我们就将带你去理解各种情绪背后的核心需求——情感需求，以及如何通过满足这些情感需求，来激发高难度沟通现场的正面情绪。它对应了“高情商金字塔”框架中的“心”部分，是真正意义上的沟通高手才会关注的能力。

理解情绪背后的真正诉求：人的五大情感需求

很多人在职场上沟通时，常常太关注事情本身，而忽视情感层面的需求。咱们不妨先看两个现实中的场景：

先来看一个反面案例：

在一次部门汇报中，你满怀信心地向领导介绍你这两个月全心投入的一个项目管理实验，最后你总结道："这个实验虽然短期来看对业绩提升贡献不太明显，但我相信，这对咱们团队探索未来的发展方向意义重大，我希望能继续研究下去。"

领导听完，淡淡地说："现在大势不景气，咱们眼前的主要任务是冲业绩，你是骨干，应该知道精力放在哪儿。虽然你的业绩都按计划完成了，但看不出冲劲儿，年底团队跟着你吃肉还是喝汤，我相信你自己心里有数。"你觉得很委屈，嘴上说着谢谢领导指点，心里却想，自己再也不费那么多心思来操心公司的未来发展了。

再来看一个正面案例：

你带领团队负责一个创新型项目，半年过去了，却还没什么看得见的成果。身在争分夺秒的互联网公司，你感觉压力很大。在年中汇报上，你忐忑地讲了你们半年来的工作，做好了被骂的准备。

没想到，领导却说："做创新不容易，你们这个项目组辛苦了！逻辑论证很严谨，梳理得非常清楚。基础工作求稳不求快，不要有KPI压力，你们按照进度推进就好。有什么需求随时跟我提，能'开绿灯'的我一定全力支持！"你和同事们听了很感动，得到了领导的认可，觉得加起班来都更有劲儿了。

在这两个案例中，无论是正面的案例还是反面的案例，其实都在于领导是否认可了你的努力。我们几乎都期待通过沟通来得到其他人，尤其是我们所关注的人的认可与赏识。在职场上，这种需求更加强烈。

类似于这样的需求，也是我们每一个人在沟通中的基本情感诉求，特别是在高难度沟通中。当然我们在沟通中的情感诉求，不仅是期待被认可，还有其他的四类情感需求。哈佛大学教授罗杰·费希尔（Roger Fisher）和心理学家丹尼尔·夏皮罗（Daniel Shapiro）一起归纳出了五种情感诉求[①]，我们根据自己的实践为大家总结如下：

① 观点引自：谈判大师 Roger Fisher 和心理学家 Daniel Shapiro 合著的一本谈判专著 *Beyond Reasons: Using Emotions as You Negotiate*，中文直接翻译过来，叫作《超越讲道理：利用好情绪，促进谈判》。中文版已由中信出版集团出版，名为《高情商谈判》。

- 渴望被认同及欣赏
- 希望能找到同类
- 希望有自主权
- 希望自己的地位能被认可
- 希望自己的角色能被尊重

我们来为你一一解释这五种需求，它们绝对会大大提高你对沟通中情感的认知。

渴望被认同及赞赏

人人都希望自己的努力、成绩或观点能够被对方认同，甚至是被欣赏。如果在高难度沟通中，你能够及时认可对方，就可以很快缓和紧张的对话氛围。另外，更重要的一点是，积极正面的情绪是可以感染他人的，如果你能主动去表达你对对方的认可，对方也会逐渐认可你，并把它表达出来。这个道理大家都懂，但是，能否主动表达对别人的认可及赞赏，却是需要每个人去实践练习的。

希望与你是同类

谁都喜欢同那些与自己有相似感的人交流，无论是拥有相似的背景，比如校友、老乡，还是相似的兴趣，比如都是球迷、都喜欢玩游戏等。相似感可以给人带来安全感，以及进一步交流的欲望。

如果在高难度沟通中，你让对方找到了这种相似感，你们就不太会变成针锋相对的敌人。

希望有自主权

谁都渴望自由与自主，比如“我希望用我自己喜欢的方式做事”“我希望我自己有定价权”“我希望按我期待的节奏完成工作”等。很多时候，高难度沟通之所以发生，正是因为沟通中的一方侵害了对方“希望有自主权”的情感需求。而反过来，如果你能尊重他的自主权，比如说尊重下属“怎么完成任务”这样的自主权，就能调动他的积极性，让他更好地干活。

希望自己的地位能被认可

职场上，每个人都希望自己的地位与身份能够被认可。在高难度沟通中，越是不尊重对方的地位，对方就越会想方设法来展示他的地位，这样就为沟通本身带来了很大的障碍。所以，如果你想让沟通保持顺畅，就要多去认可对方的地位。

希望自己的角色能被尊重

在谈判类的高难度沟通中，如果对方是一位技术专家，只负责技术上的谈判，那么，当你在谈判中同他谈论降低价格这样的事情时，很可能会让对方感到恼火。因为，在他看来，你这种做法会让对方觉得不受尊重。

如何在高难度沟通中，满足对方的情感诉求？

在理解了人的五类情感需求之后，你会发现，我们有各种各样的方法来满足这些需求。但是，在高难度沟通中，在现场实时的高压情境中，如何来满足对方的需求，就是一项非常考验能力的事情了。你不仅需要管理好自己的情绪，还要能主动去激发对方的正面情感。

下面是一套在高难度沟通现场激发对方正向情绪的策略。它包括三个部分：

第一，提前准备，分析对方的情感诉求

就像我们在本书开篇中指出的那样，要想成功应对高难度沟通，一个关键是提前做好充分的计划与准备。相比沟通中对方实实在在说出来的话、传递的信息，一般人很容易忽略情绪这件事。既然它那么重要，没有经过训练的人又那么容易在沟通现场忽略它，所以唯一的解决办法就是提前做好情感需求的筛查工作。

在这里我们想分享一个非常有用的工具，叫作“情感需求及机会评估表”。这张表的思路其实很简单，左边一栏，是人在谈判中的五类情感需求，分别是渴望被认同及欣赏、希望与你是同类、希望有自主权、希望自己的地位能被认可、希望自己的角色能被尊重。

右边一栏，是你在谈判中要注意的。它既包括“需要警惕的地方”，也包括“可以借力的地方”。

情感需求及机会评估表

情感需求	警惕点	借力点
渴望被认同及欣赏		
希望与你是同类		
希望有自主权		
希望自己的地位能被认可		
希望自己的角色能被尊重		

借助这张表，你可以系统地梳理在面对对方的五大情感需求时，你可能遭遇的挑战和可以抓住的机会。

怎么用这张表呢？比如，领导约了你聊近期的工作情况。你猜他可能会给你一些负面的意见。一般情况下，情商低一些的职场人就会千方百计地想办法驳回领导的负面反馈。而情商高的人则会用这张表做好准备工作。拿表格里第一列举例来说，他会问自己：

- 领导给我提建议，是不是也在等某种认同与欣赏？我该怎么回应？
- 我做什么事情，会违背他在这一点上的情感需求？

思考过这两个问题后，你自然就会想到：在沟通现场，千万别去进行无意义的顶嘴，而是要感谢领导发现并及时提出了你身上的这些问题。当你表达出“希望能有机会向他请教并能及时得到他的反馈”这样的请求时，可以想象，即使你的能力在客观上有所欠缺，也能让沟通现场变得融洽。

第二，学会应对这些不同需求的典型场景与话术

除了像上面那样，用一张表来比较理性地分析对方的情感需求之外，还有一个非常实用的技巧，那就是学会掌握应对这些情感需求的“典型场景”以及“典型话术”。

典型场景是指经常会出现这些情感需求的情形。比如，在升职加薪的谈话中，对于经理来说，他需要去认可员工的努力以及成绩，这是做经理的一个典型场景；反过来对于员工而言，他也需要去认可并感谢领导对自己的支持及培养，而不是认为自己的升职加薪，一切都是理所当然的，这是员工需要掌握的典型场景。

当然典型场景多种多样，我们的建议是，你可以根据上面的这张情感需求分析表，结合自己工作中可能经常会碰到的高难度沟通场景，来一一罗列哪些场景是你需要学会的。

典型话术的意思是指，针对不同的情感需求，你可以找到一些

通用的话来表达，从而满足对方的情感需求。比如在一个重要的跨部门项目中，如果对方能提供给你一些特殊的支持，那么你不妨这样说："特别感谢你的专业支持，这个项目如果没有你，××方面就完全运转不起来！"

典型话术可以帮助你在高难度沟通现场轻松应对一些情感需求，确保你不会因为不知道该说些什么而让沟通陷入尴尬或者僵局。

梳理高难度沟通中情感需求的典型场景以及典型话术，可以让你在关键时刻不用手忙脚乱，而是胸有成竹。

第三，现场察言观色，寻找、判断对方的正面反馈

因为高难度沟通都是实时发生的对话，因此，你需要学会在现场识别、判断、推进关于情感需求的对话。在这个过程中，特别重要的是，你需要敏锐地找到对方对你说的话所产生的正向或反向反馈。

在沟通中，你的沟通对象一定会释放出各种各样的信号，比如当你认可、赞赏他的努力时，他会表现得很谦虚。他说出来的一些谦虚的客套话，说话时的表情和语气，都是可以用来识别反馈的信号。察言观色，说的就是这一点。

以上三步，是帮助你在高难度沟通现场应对对方情感需求的主要步骤。接下来，我们会教你如何在高难度沟通现场满足对方的重点情感需求。当你掌握它们之后，你就会成为一个善于调动对方情

绪的高手，这样不仅可以帮助你解决问题，更重要的是，它能协助你建立信任关系。

学会认可对方，让人愿意与你交流

我们在刚步入职场时，经常会碰到一些“小人小事”，你跟他说几句好话，他就会很愿意配合你的工作；而当你没有特意表达出对他们工作或者态度的认可时，他们就不太愿意配合你的工作。

面对这种情况，我们很纳闷，大家都是成年人，为什么就不能表现得专业一点呢？明明是对方原本就该做好的事情，为什么一定要去讨好对方才行呢？

大家都是成年人，为什么还要天天期待被认可？

我们不妨先来看日常工作中的两个场景：

小张刚刚从实习生转正，工作干劲儿特别足。除了完成职责范围内的工作外，他还整理了一套实习生工作指导手册和常用工作模板，并将其发给大家，方便团队其他同事指导以后新来的实习生。他觉得这件事虽然不大，但很有意义，心里也期待得到同事们的认可，得到领导的表扬。

可是，同事们收到后却都没回应他。带他的李经理倒是在一次闲谈中对他说："现在你的工作量也挺大的，要注意节省精力。像上次你做的实习生指导手册，虽是好心，但也加了不少班吧？以后还是把精力留着多干些重要的事。"

小张听出李经理这是在关心他，可又觉得自己主动做事没被认可，心里很失落，心想难道自己积极做事还错了吗？

为什么领导明明是出于关心，让小张别老加班，小张却还是不开心呢？你在同样的场景下，会不会也有一些失落？我们不妨再来看另外一个场景：

吴总监是某互联网公司 HR 负责人，最近她请公司技术部同事帮忙开发一套内部用的员工绩效系统，希望在下个月公司年中绩效评估前可以上线。但是负责对接技术部的小刘跟她反映，技术部的同事总是不太配合，以忙着做公司核心 APP 新版本为由，对他们提出的修改意见置之不理，而且态度很不耐烦。

于是，吴总监约了技术部负责人陈工吃饭。陈工也知道吴总监的来意，却对这件事只字不提，而是一直在说他们部门的烦心事，称自己被新版本上线和几个新项目搞得焦头烂额。

吴总监看这架势，也没直接提要求，而是说："陈工，真是辛苦你们了！你看你们部门这么忙，还得帮咱们公司内部做各种运营系统，实在太厉害了！跟你们对公司的贡献比，我们HR部门除了能优先帮你们招人，也帮不了什么大忙了。我听小刘说，你们帮忙做的绩效系统已经进入修改调试阶段了，谢谢你们在这么忙的情况下，还能迅速推进！如果这个系统能尽快上线，下个月做绩效评估，你们倒是能省下这些处理内部流程的时间了。”

陈工觉得有理，但也有实际的困难，便说：“我也想赶紧做，但人手真的不够。有那么多外部项目，你们这个系统调试就得往后排了。”

吴总监听陈工放下了抵触，接着说：“我非常理解你的意思。人手的事，我们HR还是能帮上一点忙的，我们把技术部的招聘优先级放到最高，另外，先给你们招一些实习生，让同事带一带也能分担点工作。其他我们能做到的，只要陈工开口，我们都全力支持！”

陈工听到吴总监的话，知道吴总监理解他们的难处，也认可他们的付出，还有诚意地提出帮他们解决人手问题，也就不再推脱，开始和吴总监聊怎么尽快把绩效系统做好的事情了。

在这正反两个场景中，都涉及沟通中一个很重要的情感需求：渴望被认同及欣赏。

人是群体动物，有很强的自我认同意识，而人对自我的认同，很大一部分源自于我们和他人的互动。这就是为什么我们在沟通中，时刻都期待被别人接纳和认可。如果在沟通中，对方没有释放对你认同的信号，那么你就会觉得自己没有价值；同样的，如果对方承认了你的价值，那么你就会自我感觉良好。[①]

所以，你现在能明白为什么上述两个案例中，小张会特别失落，而原本不想配合修改的陈工，却能调整过来了吧？其实，它们本质上都涉及自我认同的需求。在职场上，随着工作压力越来越大，以及职场人的普遍年轻化，人们越来越渴望得到他人的认同。

然而，在我们的咨询经验中，有些人会说：明明对方是错的，或者明明对方没做好，凭什么我还要去认同他呢？

其实，认同是讲原则的，不是无论对错都盲目地去认可对方。在高难度沟通中，我们说的认同，更多的是找到对方观点、想法或者行为中正确的、值得被认可的部分。无论对方多么不可理喻，他也一定有做过的某些事情、说过的某些话是值得认可的。

你需要记住的是，表达认同不代表屈服，而是为沟通打开更多可能性。在高难度沟通中，拥有及时认可对方的素质与能力的人，才是高手。你，是那个高手吗？

---

① 《反馈的评价和自尊》，查尔斯·贾雷特，唐纳德·C·雷茨和纳德兹达·沙普基纳，《社会学观点》，第 48 卷，第 3 期（2005 年秋季），第 403-419 页。

如何在坚持原则的同时，合理地认可对方？

我们在以往的培训经历中发现，很多学员即便知道了认可他人的重要性，但是在现场并不会使用合适的语言来表达对对方的认同，这样也就常常导致原本就很尴尬的对话，陷入僵局。

要克服现场的尴尬其实很简单，你需要做的是，学会去发现对方身上值得被认可的点。根据我们自己的学习与实践经验，有三类信息是可以被用来表达认同的：

一、从对方已经做过的行为中，找到值得认可的地方

比如，对方为了协调某一次会议所付出的努力，或者为了解决某个问题所做过的努力等。需要说明的是，即便这样的行为本身产生的结果并没有完全满足你的期待，但这些行为本身依旧值得被认可。

我们发现，在高难度沟通中，人们倾向于以负面的心态去看待别人做出的最终结果，但是会忽视某些人在解决问题，或者尽力协调背后所付出的努力。你可以想象，假如你花了很久的时间去做某一件事情，但是仅仅因为结果不是那么完美，而对方完全不认可你在这个过程中付出的努力，你会是一种什么样的心情？

所以，当你发现虽然对方付出了努力，但没有做出很好的结果时，你就可以像前面案例中的吴总监这样来说：“谢谢你们在这么忙的情况下，还能迅速推进！”

你也可以使用下面这些例句，认可对方的行为：

- 我很感谢你在整个过程中付出的努力，帮助大家一起协调解决问题！
- 虽然这次尝试没有获得预期的结果，但你的探索帮大家拓展了思路。
- 你能主动维护与技术部门的关系，特别棒，这让我们后面的配合能更加顺利！

二、从对方的想法或观点中，找到可取之处

高难度沟通现场，最容易引起争执的就是双方在理念、想法或观点上的冲突。但很多时候，抛开情绪的因素，你会发现无论对方错得多么离谱，他的想法或观点里总有一些是对的、公正的、值得认可的。这种情况下，你就可以用第二条方法，那就是即便与对方有意见上的冲突，也努力去寻找对方话里值得被认可的地方。

比如，如果对方跟你说了三方面的东西，第一、第二方面你都不认同，那你可以这样来回应：“谢谢你告诉我你的想法，你刚才说的第三点对我启发很大，你能帮忙再展开细讲一下吗？我们可以基于这一点再详细讨论。”

你也可以使用下面这些例句，认可对方的想法或观点：

- 虽然这个想法还有待更严谨的论证，但我非常感谢你提出了新的思路！
- 谢谢你对我们方案的客观评价，对于你刚才提出的问题，能给我们一些更好的建议吗？
- 你这个思考角度很特别，值得参考，能告诉我是怎样想到的吗？

三、从对方的情绪中，找到可取之处

比起行为或者观点，情绪是人们在高难度沟通实践中经常会忽视的可取之处。

你可能会问，情绪还能被用来认可？没错。想象一下，在陈工与吴总监的沟通中，陈工其实也想赶紧把活儿干完，但很多人关注的是结果，他们只会去质问，为什么干得那么慢？所以当吴总监表现出对对方的认可时，就能够换来陈工的积极反馈。

无论对方是因为项目的进展感到着急，还是因为他们有了解决方法而表现得比你更加冷静；无论对方是因为缺少资源而感到焦虑，还是因为他们实现了一点点的进步而感到开心，你都不要觉得这些焦虑、冷静、着急、开心与你理解的不一样，就不去认可他们。

你可以使用下面这些例句，认可对方的想法或观点：

- 我特别理解你的担心，也谢谢你总是替我们着想，咱们可以一起来想想办法。
- 你们这个进展实在是太棒了！如果我是你，一定会让更多人知道，一起高兴高兴！
- 谢谢你在这么棘手的情况下还能这么冷静，让我也踏实不少。

当然，虽然我们一直强调的是高难度沟通现场如何用语言来表达对对方的认可，但在整个高情商体系中，说与做向来都是密不可分的。在现场的沟通之外，适当送一些小礼物，或者请别人喝杯咖啡、吃顿简餐，都是一种向别人表达认可与赏识的有效姿态。

尊重对方的角色、地位与自主权，更好地影响对方

上一节，我们给你介绍了如何在高难度沟通中认可对方，为对话导入正向动力，让你在现场越聊越积极、越顺畅。接下来，我们再来看一个为对话导入正向动力的技能，叫作“尊重对方的角色、地位与相应的自主权”。

你还记得在这个模块开篇的内容中，我们讲过人在沟通时有五项情感需求吧？除了“渴望被认同及欣赏”，还有“希望有自主权”“希

望自己的地位能被认可”“希望自己的角色能被尊重”。

接下来，我们将专注在“希望有自主权”“希望自己的地位能被认可”“希望自己的角色能被尊重”这三个情感需求，教你在高难度沟通现场如何更好地推进对话。

认可的本质，是承认对方的角色、地位及相应的自主权

上一节里，我们给你介绍了三种方式去认可对方。但你想过没有：无论是对方的行为、想法或观点，还是对方的情绪，它们都是外在表现出来的东西。坐在你对面的沟通对象，为什么会表现出这些行为、想法或观点？

深挖一下，你会发现三层关系：

- 行为、想法或观点的背后，反映的是一个人的角色，也就是他此刻是谁，做什么的，有什么期待
- 每个人在角色上的积累，以及外界对他的认可，加在一起就是地位（千万别以为地位就只是外在的职位、头衔等）
- 无论角色大小，无论地位高低，他都会要求自主权，也就是能自由地按自己的想法行事

换句话也就是说：如果你想真正更深入地调取对方的积极情绪，

除了认可他外在表现出来的行为、想法或观点，你更需要去尊重他背后的角色、地位及相应的自主权。

这看上去有些抽象，我们不妨先来看一个案例，然后我们会用一张表，为你分析案例中S总的情感需求，以及Y做错了什么。

Y小姐最近从外企跳槽到一家B轮创业公司做财务总监，向比自己小将近十岁的公司二把手S先生直接汇报。她的第一项工作就是规划公司明年的预算，她觉着新公司比原来的外企体量小了不少，组织结构也相对简单，以自己那么多年的专业经验，做个预算不在话下。

可是，当她拿着做好的方案和S总信心十足地讨论时，S总却说："Y姐，你这份预算方案的确很严密。但是从我们创业以来的经历来看，像咱们这样的创业公司，业务变化太快，预算上还是应该多留一些灵活的余地比较好。"

Y一听，觉得不对。于是，双方拿出一些条目开始讨论。交流一番之后，Y在大部分项目上，都基于她的专业，向S总提出了反对意见。她特别认真地说："S总，你既然请我负责咱们公司财务，就应该充分信任我的专业性。从我这么多年的财务经验来看，公司要从创业阶段走向正规化，财务预算必须要严谨，执行也要严格。如果从你这儿就开口子，那跟你们原来创业时的业余做法有什么区别呢！”

S总一听就不高兴了，心想，我们之前的团队是没有你专业和资深，但我们发展到今天也挺好的啊！于是他对Y说：“Y姐，我相信你很专业，这也是我们请你来帮我优化公司运营的原因。但我这样说也是因为我们已经摸索出了一套适合公司运营的规律。你刚来还不了解，不如你先去和我们的团队多沟通沟通，听听他们的意见，再做这个方案吧！”

Y不服，又跟S总讲了一堆外企做预算的流程和规矩，企图说服S总按照她的思路做，还说要不请一把手，也就是创始人一起先讨论讨论。S总听得不耐烦，推说后面还要见投资人，让她再改改，就直接离开了。

Y很受挫，为什么自己这么专业的方案，作为二把手的S总就是不认可呢？明明是就事论事的专业讨论，怎么就变成了无趣的扯皮，最后弄得双方都不开心呢？

读到这，相信你也已经发现，在上面这个案例中，Y小姐其实已经很明显地侵犯了S总的情感需求。我们不妨用下面这张表来分析一下：

	S 总的情感需求	Y 踩到的雷
角色	作为公司二把手，负责公司的整体运营，请了 Y 作为专业人士优化公司运营，期待她能在原有基础上做得更好，但不期待 Y 完全推翻过去。	武断地认为 S 总的想法不利于公司走向正规化
地位	自己作为创始团队领导，一路把公司带到了 B 轮，知道公司该怎么做，希望自己能彰显权威	忽视了 S 总作为创始领导人对公司的影响力，不可撼动的权威性，以及在运营上的丰富经验
自主权	自己对公司财务预算有大方向上的建议权，有权判断预算方案是否合理	用自己的专业经验，反驳 S 总的建议，还想越过他找创始人一起讨论

同时，需要指出的是：每个人在角色扮演上，既可以是正面的，也可能是负面的。比如，有些人会希望自己扮演“问题解决者”“复杂情况下的协调高手”这样的正面角色，但有时候却扮演了“抱怨者”“受害者”等相对负面的角色。“角色”是正面还是负面，也直接会影响一个人对“地位”与“自主权”的理解。

在高难度沟通中，你会发现，如果对方越是扮演正面、主动的角色，他越关注如何解决问题本身，而不太会狭隘地去看自己的“地位”与“自主权”是否会受损。拿上面的案例来说：假设 S 总把“协助 Y 优化运营”作为自己角色的一部分，那么，当他在碰到 Y 侵犯自己的“地位”与“自主权”时，会多一些包容与耐心，而不是一发现 Y 没重视他的“地位”与“自主权”，就生气地中断对话。

知道了这一点，对Y来说有什么启示呢？作为一位擅长在高难度沟通中调取对方积极情绪的职场人来说，他首先要做到尊重对方的角色、地位及相应的自主权。同时，难度更大、但也更有价值的是：要学会去引导对方调整角色，从而调整他在“地位”及“自主权”上的期待。

怎样说，才能展现你对对方角色、地位与自主权的尊重？

在真实的沟通情景中，具体该怎样说，才能体现出你对对方角色、地位与自主权的认可与尊重，并能主动引导对方在这三方面向更积极的方向调整呢？

有三种方法。

一、尊重对方的既有角色，也鼓励他扮演更有意义的角色

在高难度沟通中，每个人都有一个既定角色。比如说，你的下属来找你抱怨，这时，他其实是在扮演一个“受害者”的角色。他虽然不会直接说他受伤了，但他对其他事情的抱怨，似乎都在说“我是受害者，我很委屈”。

这种情况下，很多人会这样回应：“行了，你也别抱怨了，事情还得做，你就想想怎么去解决眼前的问题吧！”

这句话看起来并没有错，但对方不会听进去，反而会生出更多愤懑与不满，向你抱怨更多。原因很简单，这种说话方式没能体现

出对对方角色的尊重。

怎样表达，才能体现出对对方角色的尊重呢？同样的场景，我们不妨来看下面这个句式：

我知道你不容易。如果我是你，经历了这么多肯定也会感到委屈。

想象一下，如果对方听到你这样说，心里是不是会顺畅很多？因为这样的说话方式，认可了他“此刻”的“我是受害者，我很委屈”这个角色。但是，在职场上，仅仅认可此刻的既有角色，是解决不了问题的。在上面这个例子中，你认可了对方的受害者角色，最多能安抚一下对方的情绪。如果要解决问题，该怎么说呢？

这种时候，你可以借鉴下面这个例句：

我知道你不容易。如果我是你，经历了这么多肯定也会感到委屈（认可既有角色）。但是，你自己也是过来人，知道如果想做好这件事，问题还是要靠自己来解决（开始鼓励对方承担起问题解决者的新角色）。要不咱们商量一下，你接下来要怎样做，才能处理好这件事？在这个过程中，需要我给你提供什么支持（引向解决问题的讨论，并主动提供支持，为对话加入正向动力）？

在高难度沟通中，如果你能采用上面这种说话方式，不仅可以维持对话的安全感，还能激发对方扮演更积极、更正面的新角色，去解决问题，并且，还能为整个对话输入正向动力。

为了方便你应用，我们为你总结了下面这张表，帮你在现场更好地引导对方转换角色。

负面角色	正面角色	例句
指责者 示例：批评下属的上司	帮助自己的人	领导，我知道我没做好，让你非常失望与烦恼。我要是您，也会非常生气。但是，在这些事情上，我的确是第一次做，如果未来您想让我更快地成长，帮您分担这些工作，您能否在有空时，教我一些方法，分享一些经验？
不懂的新手 示例：表现差劲的下属	上进的学习者	我理解接触一个新的领域很不容易，要花费很多时间和精力，也会遇到很多问题和困难。你现在做的已经比我刚来的时候好多了！同时，我也知道你想尽快上手，但这个过程中也有很多要学的东西。我们可以聊聊，该如何做好学习与成长的规划，你还需要哪些资料以及哪些方面的指导？

续表

负面角色	正面角色	例句
抱怨者 示例：不愿主动解决问题的下属	问题的解决者	我知道你不容易。我如果是你，经历了这么多肯定也会感到委屈。但是，你自己也是过来人，知道如果想做好这件事，问题还是要靠自己来解决。要不咱们商量一下，你接下来要怎样做，才能处理好这件事？在这个过程中，需要我给你提供什么支持。
猜疑者 示例：不支持工作的同事	理念的宣传者	我知道你对公司这项新政策有些不理解，如果我没有提前了解过背景信息，也会和你们一样困惑。但你我都是公司的骨干，坦白来说，每一项政策的落实都需要你我首先去理解、认同，并与团队密切沟通。如果你还有什么不了解的，我们可以互相交流，互相讨论。关于政策的落实，你看需要我提供什么帮助和支持吗？

续表

负面角色	正面角色	例句
破坏者 示例：不支持项目的跨部门同事	项目的支持者	我理解你对这个项目从一开始就持否定态度，如果我站在你的角度，也许会同样反对。但是，咱们是一个团队，决策是大家一起做出来的，这个项目如果成功，对公司整体来说是好的。虽然你反对这个项目，但你在××领域有扎实的经验，我希望你能帮助大家把这个项目做好，这样，无论你个人是否反对这个项目，你都对公司做出了重要的贡献。

你会发现，上面这张表里的角色转换，可以适用于中国职场的各种情景中。你可以通过掌握这些例句，在自己的工作中灵活应用。

二、承认对方的地位，更鼓励他用好手中的权力

职场上，每个人都有自己的位置；然而，有些人喜欢挑战别人的地位，彰显自己的权力，从中获得某种优越感。比如，他们会经常吹嘘，称自己和老板关系很好，从来不把客户放在眼中，或者炫耀自己的部下如何听他的话等。这些略带吹嘘的话，其实都是想显示自己的地位。

这种心理，是导致职场高难度沟通的一个重要原因。比如，在之前的例子中，Y 小姐不尊重 S 总作为创始领导以及公司二把手的地位，导致了两人不愉快的沟通。在现实职场中，我们也会经常不小心说出冒犯对方的话。比如下面这几句：

- 对合作方说：“你能帮我找你领导来讨论一下这件事吗？咱们交流再多，也是在浪费时间。”
- 对客户说：“在这件事上，你得相信我们的专业性。你给的这些建议，真的没什么用，也没办法落地。”
- 对领导说：“我接手这个项目三年了，没人比我更了解情况。你才来多久？即使你是我的领导，也不能帮我做什么。”

很显然，如果你像上述例子中那样说话，肯定会得罪人，并将普通的对话升级为高难度沟通。

这种情况下，一名成熟的职场人会怎么说呢？很多年前，有位领导说的一句话，让我印象深刻，他说：“做任何事，说任何话，要让对方觉得自己是个重要的大人物，而不是让对方窘迫地以为自己是个小人物（Let them feel big, not small）”。

这位领导是美国名校的MBA，在多个不同文化背景的国家待过，从最普通的职位做起，成长为核心管理层的老大。我们非常尊重他。

你可能会说，这在职场上怎么可能做到呢？对方的工作能力和协作精神本来就很差，也没有什么过人之处，更别说“地位”了。

建议你从这三点来激发对方的正面情绪：

- 某个人即使“地位”再低，也有其独有的贡献
- 某个人当下的“地位”不高，并不代表他未来不会高
- 某个人的“地位”不只体现在正式的头衔上，也体现在其他他擅长的地方

如果你能认识到这三点，再去看你的沟通对象，你会发现，他一定有可以被认可、尊重的优势之处。

让我们再回到Y与S总交流年度预算的案例中，来分析如何通过展现尊重来激发对话的正向动力。

S总，虽然我一直在外企工作，但向来佩服像您这样的创业者，能够白手起家，在短短几年内将公司做到这样的规模。在财务预算上，虽然我有很多在外企工作的规范化经验，但我相信您这边有更多适合咱们公司发展需要的经验与想法。您看这样行不行：我会先根据我的经验出一份方案，您再结合您这么多年来的经验，以及您对公司现在发展的观察，来给我的方案提一些建议，您看如何？

你可以想象一下，如果你是S总，听到Y这么说时会是怎样的感受？他肯定会喜欢Y这位新下属，也会愿意分享更多他自己的理解，同时也更愿意支持Y去做事。

三、充分尊重对方的自主权，更激发他的主动性

有一次，我们去医院，看到一位老父亲与已步入中年的女儿在诊室外排队。医院里人很多，看得出来，两人也都很焦虑。这时，我们听到了下面的对话：

女儿：我让您早点来检查，您偏不听。您看现在发作了，才仓促来，多危险啊！

父亲：行了，别说了。这儿有个座儿，你坐吧！

女儿（似乎还在气头上）：我不坐！

父亲：哎呀，你坐吧！（带命令语气）

女儿：我不坐就是不坐！您让我坐，我就得坐呀。

然后，父亲陷入沉默，女儿特意走到了墙边，远离自己的父亲，站着等大夫叫号。

听完他们的对话，我们感慨万千。这虽然是生活中的场景，但它和职场上的高难度沟通有很多相似之处。比如：

- 与同事跨部门合作，不顾对方平时的做事节奏与风格，想当然地以自己的方式处理问题
- 不放心的领导，非要让下属按他的方式来做事情
- 不服从领导安排的下属，与领导对着干，不按领导的建议来做事
- 客户用不专业的建议对专业的制作团队指手画脚

无论是以上哪种情况，出现得多了，就会导致高难度沟通。在沟通领域里，我们称这种现象为“不尊重对方的自主权”。要推动这一类高难度沟通，就得学会“充分尊重对方的自主权，激发他的主动性”。

具体怎么说呢？为了方便你理解，我们还是用Y与S总的案例来说：

S总，关于A项目的预算，我从财务专业的角度来说，建议是××。但是，我也知道每家公司的业务情况与发展速度是不一样的。您作为把公司一路带到今天的创始领导，肯定有比我更深刻、更适合咱们公司的想法。您不妨告诉我，我也会尽力用我的专业来帮您评估，从而更好支持您的决策。

上面这段话的核心信息其实很简单：承认对方的权威之处，同时也指出自己的专业性。这就是尊重对方的自主权。如果 Y 采用这种说话方式，S 总肯定会更愿意听 Y 的专业建议。

在我们自己十多年的职场经验中，我们曾无数次验证过这样的沟通技巧，希望你也能将它们用起来，用于自己的职场发展。

让对方也尊重自己，为对话注入双向动力

读完前几节内容，你可能会觉得在高难度沟通中，无论是尊重对方的角色，还是尊重对方的地位，这种始终以对方为中心的沟通，是不是太过谄媚、软弱？

很多学员也给我们反馈过同样的感受。事实上，尊重对方与尊重自己并不矛盾，甚至是相辅相成的关系。关键在于，你能否在沟通中正确定位自己，并引导对话往双方一起努力解决问题的方向推进。

虽然这对很多职场人来说比较难，但并不意味着不能做到。我们分享一个我们曾辅导过的案例，来帮你理解这个理念。

尊重对方，并不意味着妥协与放低自己的身段

有一年春天，L 找到我们，向我们请教该如何处理一场高难度

的职场沟通。

L 刚刚 30 岁，担任某在线教育公司负责课程开发的总监，也是公司表现优秀的新星。这两年行业竞争越来越激烈，公司为了提升内部效率，在春节过后对公司架构进行了调整。L 也从原来的只抓课程开发，开始统管公司的课程与出版两块业务。

这本来是件好事，但 L 却碰到了一个极难处理的问题：原来的出版部门效益很低，但该部门的成员却很资深，都是当年公司为了做出版业务从大型出版社挖过来的老师，工资也很高。对 L 来说，他需要改组原来的出版部门，让原来一些高工资但低产出的员工，能够调整工作内容，甚至开掉一些不愿意追随公司发展的员工。

在这些员工中，有一名叫 F 的老员工。她年纪比 L 大，工资也比 L 高，在原来的出版领域中非常资深，原来负责出版业务的领导也很喜欢她。L 如果要完成他的任务，首先就要调整 F 的工作内容，让她也加入到课程开发中来；如果 F 不愿意做改变，L 就只能选择请她离开公司。

L 尝试与 F 交流了几次，但 F 带着在原来出版行业的清高，拒绝配合 L 的工作，这就让 L 非常难做。因为他也不想与 F 这样有影响力的老员工撕破脸，导致大量员工离职，引起不稳定。这让他在尝试与 F 交流时，越来越惶恐。

怎样与F沟通，才能既把公司当前的情况及未来的方向向F讲清楚，让F做出改变，同时又体现L对F这样的老前辈的尊重，且能得到F的理解呢？L向我们请教，我们就给他分享了几种核心方法。他用这几种方法与F交流后，反馈说效果很好，他们的交流非常平和，也对彼此表现出了最大的尊重。

上述这个案例，其实不只发生在我们自己身上。在当今职场，职场人的背景、角色、地位不对等，但需要密切合作的情况会越来越多。比如，在热播综艺节目《我和我的经纪人》中，就展现了很多地位很高的明星与普通的90后经纪人之间合作的工作场景。

在现实职场中，也经常会出现下面这几种场景：

- 初级员工直接与老总交流某个项目问题
- 自己是资历较浅的专业人士，而客户是大自己几十岁的资深高管
- 虽然自己是领导，但下属在某个领域比自己还资深

在这些情况中，我们怎样说才能避免争吵，在尊重对方的同时又不过于妥协，同时也不放低自己的身段呢？

怎样做，才能在高难度沟通中做到自信且自如地表达？

上面列举的场景，其实都在考验我们的沟通能力。如何在尊重对方的同时，也能大大方方地与对方交流，展示自己的观点，是一门沟通艺术。

作为两个很年轻的商业顾问，如何能够让客户在初见时就信任我们，同我们合作，也同样要用到沟通技巧。要解决这个问题，关键就在于，我们既要尊重对方，也要能保持自信、大方地与他们交流，展现我们的专业能力。

接下来，我们就给你分享我们自己学习并实践得出的一套方法，帮你做到自信沟通。

肯定并欣赏自己的正面角色及地位

想象一下，当你与下属在会议室里激烈争吵，你极度生气、失望时，你推进对话的动力来自哪里？或者，你与不讲理的上司讨论一个话题，他不断地打击你的想法，你烦躁、不安、愤怒，此时，你再推进对话的动力来自哪里？

我们在实践中发现：在那种高难度沟通的瞬间，能帮自己的只有自己。而能用来帮自己快速调整情绪，看清方向，加满动力的，就是曾经的自己克服过类似的困难，此刻也相信自己有同样的能力。

每个人在工作中，都会有扮演积极正面角色的时候。比如，当项目陷入混乱时，你主动请缨，站出来帮团队梳理清楚；或者，当你看到别的团队竭尽全力也想不出更好的主意时，你打破团队的界限，帮他们想出了一个很好的主意；再或者，虽然你与客户是甲方乙方关系，但因为他信任你，你愿意花自己的时间给他一些在工作之外的帮助。

在L的案例中，我们给了他一些启发，让他回忆在过往的职场生活中，有哪些是因为他主动承担起责任而将事情办好的成功事例。他的分享如下：

- 如今的课程开发团队，几乎是他一手创立的；
- 他带领的团队，年营收增长近200%；
- 更重要的是，他带队开发出的课程，用户评分也相当高。

任何一位职场人，但凡看到上面这些成就，都能理解它们背后的辛苦与不易。对L来说，每一项成绩的取得，背后都经历过大量的“说”与“做”。

“各种‘腥风血雨’，各种来自他人的误解与攻击，我都经历过，我也都挺了过来，我把这些难处变成了机会，并把机会落地成了成果。”L最后充满感情地对我们说。当他自己欣然接受了自己一路走来的主动、努力与客观成绩，以及领导、团队对他的信任与支持之后，他有了勇气与F进行沟通。

值得关注的是：虽然L与F的沟通是典型的高难度沟通，但对L来说，他的目的不是要打败F，而是与心平气和地交流。表现在现场，那就是L克服了最开始不敢与F交流、不知道怎么与F交流的困境。

你会发现，当你在职场上扮演着这些富有意义的角色时，那些得到过你帮助的人都会非常感激你，你也因此会很有成就感。而在高难度沟通现场，如果你能调取自己这些成功的经历与感觉，会给你带来极大的激励。

提升自己在对话中的角色，引导对方一起解决问题

当然，光在心里觉得自己很成功、有勇气是不够的，在高难度沟通现场，你需要把这份勇气转化成解决问题的能力。

比如，L在现场是这样对F说的：

F姐，谢谢你愿意花时间与我交流。你是非常资深的专业老师，也是团队里的元老。但眼下，公司的经营战略发生了变化，你我都承担着支持公司更好去发展的责任；而我，更是要为整个大部门的发展负责。我当然希望能得到你的支持，但也想与你坦诚交流，看看如何做才能既发挥你的专业性，又能让你在出版领域积累的经验贡献到课程制作中。

在这段话中，你可以看出来L在认可、肯定了F过去的同时，自然地将话题引向了解决问题的讨论：那就是如何让F利用在出版行业的经验，贡献到眼前的课程制作业务中。

当然，既然是高难度沟通，即便L那么讲道理，F也未必认同。在这个案例中，L最终还是要跟F讲清楚，如果她不支持这次业务方向的调整，她只能走。L该怎样说，才能确保在交流如此“负面”的话题时，依旧让对话整体是“正向”的呢？

L在现场是这样说的：

F姐，我理解你负责的出版业务是公司之前的重要板块。我尊重过去，也尊重你在过去为公司做出的贡献。但从今年开始，公司对经营方向以及架构进行了调整，我的责任是为咱们整个大部门的发展负责。

在这个过程中，我相信大家都会关注自己的努力是否会获得相对应的回报，也会在乎自己的专业是否会为公司的营利与发展做出贡献。如果你从这个客观角度去考虑，就能理解公司的意图：它既不会容忍一个人拿着高工资而不对现在的业务做贡献，也不会让任何一位给公司做出很多贡献的员工，拿着少得多的工资。

从个人的角度，我也不愿告诉你这些会让你不开心的消息。但是作为部门负责人，将这些事情清清楚楚地与你交流，是我的责任。

我也愿意给你3个月时间去考虑与尝试，在这个过程中，你也可以随时与我交流，讨论我该如何支持你做好转型。但是，如果3个月之后，你还是不想转型做课程开发业务，也视贡献与获得之间的基本因果关系于不顾，我就只能请你离开，毕竟，职场上都是双向选择关系，你作为资深人士，也懂得这个道理。

在上面这段较长的对话中，最重要的信息有三个：

- 一是L大大方方讲清楚了他的客观标准，那就是团队都认可的公平标准
- 二是L再次表达了愿意给F考虑与尝试的机会，同时也愿意给F的转型提供支持
- 三是L清楚地说明了如果F不主动去尝试转型，那他作为部门负责人就只能请她离开这一信息

对于没学过高难度沟通的职场人来说，这样的对话很可能会以争吵、撕破脸收场。但L告诉我们，虽然这样的对话并不开心，但他与F姐的交流全程都心平气和，保持了成熟职场人的风度与理性，将该交流的信息摊开讲清楚——而能做到这一点，已经是非常不容易了。

本章总结

- 沟通中的情感需求可分为五类：渴望被认同及欣赏、希望能找到同类、希望有自主权、希望自己的地位能被认可、希望自己的角色能被尊重。
- 在高难度沟通现场激发对方正向情绪，可遵循三个策略：第一，提前准备，分析对方的情感诉求；第二，学会应对不同需求的典型场景与话术；第三，察言观色，寻找、判断对方的正面反馈。
- 渴望被认同及欣赏是职场沟通中最常见的情感需求之一，你可以从对方的行为、观点以及情绪这三方面找到可取之处，适当地在沟通中表达出认可，为对话注入正向动力。
- 如果你想更深入地调动对方的积极情绪，除了认可他的行为、想法或观点，你更需要去尊重他的角色、地位及相应的自主权，才能更好地影响对方。
- 尊重对方与尊重自己相辅相成，关键要在沟通中正确定位自己，并引导对话往双方一起努力解决问题的方向推进。

模块五：保持双向沟通，坚定灵活地推进对话

在模块四中，我们拆解了如何在高难度沟通现场激发对方以及自己的积极情绪，在模块二中，我们拆解了如何管理自己的情绪，在模块三中，我们拆解了如何疏导对方的情绪。在这三个模块中，你已经学到了高难度沟通中最难，也是最重要的任务：管理情绪。

也许你会问为什么要花那么多精力去管理情绪？答案很简单：管好了情绪，就能为沟通创造“安全氛围”，让双方或多方可以更放心、自然地参与到沟通中去。

然而，在现实的高难度沟通中，仅有创造“安全氛围”的能力是不够的，你还需要具备能扎实推进对话的能力——特别是当你碰到要讨论敏感话题，被人莫名指责，对方不断跑题等情况时。

在这本书中，我们一直在强调：你是对话的主人，你在为对话的最终结果负责，而不是对方。要做到这一点，你既要有推进对话的意愿，还需要有良好稳定的心态、优秀的情绪管理能力以及成熟的对话引导与推进技能。

这一章，我们将专注在“推进对话”这一超级硬核技能模块上，它对应了“高情商金字塔”框架中的“嘴”部分。我们将为你拆解四项高阶技能，它们分别是：

- 中性开场，大大方方地说清楚事实及感受
- 积极聆听，弄明白对方的理解、感受与观点
- 化“指责”为“归责”，将别人的责难转变成推进的机遇
- 改造对话，把双方的争吵引向解决问题的讨论

我们希望，当你学完这一模块的技能之后，下次在职场上再碰到聊崩、聊岔或聊不下去的情况时，一定能够巧妙地将对话拉回到正轨，让对话按既定的目标往前推进。同时，在开始学习之前，我们也想提醒你：这个过程容不得半点强制，更多是靠心平气和并有策略地引导与推进。

中性表达，大大方方说清楚自己的观察与感受

我们夫妻俩十多年来一直在乙方做服务工作。在这个圈子里，通常都是甲方给乙方生意，给其发展的机会，时间久了，很多在乙方的朋友就会变得非常听话、顺从。无论甲方说什么，哪怕对方说

得不对，甚至言语粗鲁，乙方也不会表现出不耐烦、不服从。

在我们初入职场时，我们以为这是行业的毛病，但后来，我们发现，类似这种甲方乙方的关系，在职场上无处不在。没有人是绝对的甲方，任何人总有要服从和服务的人。比如，公司的行政要服务好所有员工，市场部的同事要服务好销售部，主管要服务好下属与团队等。

本质上，这些关系都是甲方乙方关系。为了保证双方的合作，乙方往往不敢违背甲方的要求。体现在沟通里，就是对对方言听计从，不愿违背对方的愿意，不愿与对方产生争执。但是，这样的结果是，你自己的想法往往无法合理、有力地表达出来。

久而久之，这样不仅会影响到你与沟通对象的信任关系，更会让你变得越来越不敢面对冲突。可以想象，当你工作五年、十年，甚至更长的时间后，但不具备面对冲突、解决冲突的能力时，是多么可怕！

让对方生气的话，说还是不说?

职场上，因为工作的关系，我们不能说一些容易让对方生气、反感、痛苦的话。你越往上走，这种情况就越多见。这一职场发展的客观需求，让很多朋友非常难受、痛苦。我们不妨一起来看一个案例。

小新是某市场调研公司的客户经理，她最近遇到一件棘手的事。每个季度，小新的团队要结合外部市场情况和客户提供的内部数据，出具一份季报。可是在这个季度，原来和他对接的负责广东市场的客户赵经理高升了，现在由一位刚刚定岗的管培生小艾和小新对接。打了几次交道后，小新觉得新客户小艾有点傲气，不好相处。

按照进度，小新提前两周就提醒小艾帮忙收集内部数据，小艾有点儿抱怨："赵姐交接时怎么没跟我说做季报也是我的职责呀？唉，真是的，我都没排这个时间。好了好了，我知道了，你等等吧。"小新客气地赔着小心说："真是辛苦你了，我也理解，你刚到这个岗位特别忙，好在你们内部提供数据的同事都知道，肯定准备好了，就麻烦你花几分钟时间帮忙转发一下。谢谢啦！"

又过了一周，小新看小艾一点动静都没有，她怕制作时间来不及，又催了一遍："艾经理，我怕你忘了，所以再提醒一下你，如果收到季报的数据，请帮忙转给我们，要不来不及制作了。"小艾不耐烦地说："知道啦，我这不是也得熟悉一下需要找哪些部门收集嘛！"

在小新的反复催促下，小艾终于给全了季报的数据。尽管小新加班加点制作，结果还是比预定的时间晚了一周完成。就在季报发出的第二天，已经调任华南区市场负责人的前客户、小艾的上司赵经理突然给小新打来电话，问："为什么这个季度广东的季报晚了一周才发？是不是你和小艾合作不顺利？我听小艾说，你们这边动作有点儿跟不上？你明天过来，咱们一起聊聊吧！”

小新十分生气，事实是他在帮小艾赶进度，没想到，却被对方告了状！考虑到将来还要和小艾一起工作，小新觉得不能得罪她。那么，明天该怎么聊才能既将事情说清楚，又不破坏原本就不够扎实的客户关系呢？

相信有过服务客户经验的朋友，看到上面案例中小新被“甩锅”的情况，都不会陌生。面对赵经理的责难，小新该怎么做呢？

学会“中性表达”，三步做到说话不得罪人

“中性表达”是推进高难度沟通的一项很重要的能力。所谓“中性表达”，是指我们在表达时，需要做到：

- 第一，不只是以事实为主，也不只是以感受为主，而是平衡事实与感受；
- 第二，不完全以自己为主，也不完全以对方为主，而是兼顾双方；
- 第三，不完全强势，也不完全妥协，而是平衡清楚表达与礼貌得体。

当然，最重要的是，遵循上面的三条规则，把观点大大方方地表达出来，而不是憋在心里。

作为一种兼顾事实与感受、己方与对方的表达方式，中性表达能够帮助我们既清楚明白地表达自己的观点，又不至于因此而激怒对方，让对方陷入僵局之中。这一技能，非常适用于类似小新那样被“甩锅”后还可能被骂的高难度沟通场景中。

具体要怎么做才能实现中性表达呢？下面的“中性表达三步法”能够帮助你在谈判中讨论敏感话题时，做到既清楚表达又不惹恼对方。它有三个要点：

- 第一，清楚描述你观察到的事实；
- 第二，完整表达自己的感受与观点；
- 第三，真诚征询对方的感受与想法。

第一步：清楚描述观察到的事实

在高难度沟通现场，双方都处于巨大的压力之下，会本能地进入到“战斗”模式中。在这样的客观情形下，我们说出来的话往往欠考虑、不周全，其中的一个表现就是容易轻易下结论，说出类似下面这样的话：

- 你们明明知道这个项目很重要，为什么不提前多安排一些人手？
- 很明显，你们这个条款是在故意刁难，让我们不得不降价。
- 你们为什么每次都不提前说清楚要求，却让我们一遍一遍地修改呢？

在小新的案例中，他可能会说：“明明是我催了小艾好几次，是她拖着不给材料，怎么还怪我们动作慢？”

可以看出，在上面这些语句中，无论是问句还是陈述句，都有一个共同的特点，那就是武断地下结论。不难想象，这样的表达方式是非常容易让对方不高兴的。

如果你是小新，为了推进工作，怎么说才合理呢？这里的关键是：在下结论前，一定要清楚描述你观察到的客观事实，并且尽可能软化自己的措辞。这个技巧有三个要点：

- 第一，基于观察。你表达的是基于你观察到的，而不是臆想出来的。
- 第二，体现细节。尽可能体现你观察到的细节，包括数字、时长、价格等。
- 第三，软化表达。即便是基于事实推导，你在给出结论时，也需要尽量软化你的表达。

比如，小新可以这样说：

赵经理，这次报告没有及时发出来，我们很抱歉。我相信小艾一定和您交流过我们近期的工作。我并不想争辩什么，但想从帮您管好整个项目的角度，跟您交流一下我观察到的事实情况：在这个报告上，我们提前两周，于 × 月 × 日就提醒小艾要收集报告数据；并且也说清了在这个过程中，她需要怎样去做。之后，我们又于 × 月 × 日又催过她。我理解小艾刚接手这项工作，需要时间来适应，但同时，我也希望您能对整件事有一份客观的了解。

上面这段话，就是严格按照“基于观察”“体现细节”“软化表述”来讲的，既尊重事实，也客气大方。

为了帮助你更好地掌握这个技能，我们再分享几个例句。比如，针对本小节开篇的三个反面例句，你可以这样来说：

- 我观察到，这个200万级的大项目，你们只安排了一个人在跟进，据我自己的经验，人手可能有一些欠缺。不知道你们对此是怎么考虑的？
- 你们定的这个条款不太符合行业的通行合作条件，我不知道你们这样做的依据是什么？能否分享出来，我们好一起商量。
- 我发现在过去3个月中，你们至少有4次，在我们发出定稿后又要求修改，而且改动的比例超过50%。所以我想了解一下，是不是你们习惯了随意下需求，让供应商多次修改？还是你们并不清楚，所有的修改，都会产生费用？

在沟通专业里有一个规律，那就是“事实是最不会引起争议的内容”。相比于主观臆断，上面的三句话更多的是在讲事实，并且试探性地引导出一个可讨论的结论。这种表达方式较利于推进对话效果。

第二步：完整表达自己的感受与观点

“中性表达”的第一步是讲明白你观察到的事实，第二步需要你讲明白基于这些事实给你带来的感受，以及你得出的观点。

对于很多人来说，表达自己的感受很困难，特别是在表达负面的感受时，既需要勇气，也与自己的语言储备以及平时的表达风格有关。美国知名沟通专家、哈佛大学法学院教授道格拉斯·斯通就曾经指出："表达自我是一项极其艰巨的任务，而寻找表达自我的勇气，则是一个贯穿你一生的历程。"[①]

然而，如果在高难度沟通现场，你表达不清楚自己的感受以及观点，不仅会让对方更着急、更气愤，也会让你们的对话陷入僵局。

要想完整地表达自己的感受与观点，你需要做到：

- 第一，直截了当说明白，不要让对方来猜你的想法；
- 第二，抓住当下谈话的重点，不要一次说太多问题；
- 第三，使用对比法来说明白你的感受。

用这个方法之后，小新该怎样表达呢？例句如下：

赵经理，我知道您听到小艾的汇报后，对我们这次的工作很失望。但同时，我也想告诉您，目前我们与小艾的合作出现了问题，我们也很委屈，需要您帮忙协调一下。

上面这个例句，就比较好地说明了感受（委屈）、观点（需要

① 《高难度谈话（Difficult Conversation）》，道格拉斯·斯通、希拉·汉著，光明日报出版社，2014 年

赵经理帮忙），同时，也照顾到了赵经理的感受。

为了方便你更好地理解，我们再来举几个完整表达自我感受与观点的例子，比如：

- 我知道你们的团队非常优秀，向来尽心尽责，曾经也做过很多出色的项目，但同时我也知道，这一次你们所做的跟我想象的并不一致。
- 我非常理解你们最近在经营上的困难，对此我也感到很难受，但同时，你们在这次合作中的表现也让我非常失望。
- 我理解你们可能习惯了先报一个高价，再让我们来砍价，但是我认为，咱们也合作半年多了，没有必要浪费时间一遍遍砍价。

这些话虽然并不复杂，但这个技巧并不好练。我们在练习时，有以下体会：

- 首先，直截了当说明白是关键，比如，第一个例句中，直接告诉对方“你们的确优秀，但这次所做的跟我想象的并不一致”。
- 其次，职场上的高难度沟通，有时也会陷入与夫妻吵架类似的情况中，大家会翻出很多陈年旧账，一次说太多问题，丢了重点。这些例句每次都只清楚地讲一个问题。

- 另外，这些例句都使用了对比来说明自己的感受。这背后的公式是“我既看到了 A，也看到了 B”。这样清晰的对比，有助于对方清楚地理解你的感受。

记住，一名成熟的职场人在经历高难度沟通时，既不会压制谁，也不会轻易妥协，无论感受与观点，都需要清清楚楚讲出来，才好解决问题。

第三步：征询对方的观察与想法

就像我们之前提到的那样，很多人在高难度沟通现场，因为心急、怕输等原因，都会倾向于压制对方、战胜对方，让对方知道只有他是对的、合理的，但这种表面上的强势往往并不能影响对方，让他真正接纳你的观点。

其实，高难度沟通本身也是个解决职场问题的机会，其中最关键的讲究是“共创”，也就是进入到一种双方一起合作解决问题的状态中。因此，这第三步就是要学会：鼓励对方说出不同的想法，形成自由的交流氛围去讨论，从而更高效地达成一致。

为了做到这一步，你需要注意以下几点：

- 第一，为对方创造安全感。你要说明白：无论自己与对方的观点有多么的不同，你都洗耳恭听，不会与他争论。

- 第二，请对方表达观察到的事实，以及由此而来的感受。和表达自己一样，你请对方表达的，也是观察到的事实，以及他的感受，而不是让他说没有事实依据的结论，或莫名地发脾气。如果对方不是在谈观察及感受，你可以及时地引导他。
- 第三，引导对方参与讨论。当你发现对方在你的引导下，依旧不敢表达他们的观察与感受时，你可以引导对方来表达，让他们也说说自己的感受与看法，逐渐跟你一起参与到对问题的讨论中。

这些方法听上去可能有一些抽象，我们不妨用小新的例子来说明。假设小新用了上面两种方法之后，赵经理依旧表现出更倾向于赞同小艾的说法，这时，小新可以这样说：

赵经理，我刚才跟您说的，只是我这边客观观察到的事实，当然，背后肯定有我没看到或不了解的情况。未来咱们还是要合作，所以我能否也请您告诉我们一下，您那边观察到的这件事是怎样的？您又是怎样想的？这样，我们也知道下一次合作时，我们需要注意什么。

以上三步，就是帮助你在高难度沟通现场大大方方表达自己，

又不惹恼对方的核心步骤。当然，人跟人之间的交流并没有那么机械，当你在高难度沟通现场时，也需要灵活地根据实际情况，重复并坚持地使用这三个步骤，从而慢慢化解双方理解上的分歧及冲突，并把敏感棘手的话题拿到桌面上摊开来谈。

积极聆听，弄明白对方的理解、感受与观点

在高难度沟通现场，你有没有经历过这种情况：当你与沟通对象反复交流某个让人不愉快的话题时，人们通常会陷入两种错误中：

- 一种是听不下去。在对方表达时，自己这方没耐心，对方还没说几句，就打断对方，告诉对方“你这样想是不对的”。
- 另一种是被动低效地听。什么意思呢？有时候，对方一直在说，你们为了表示客气，静静地在那儿听；当然，有时也不是完全为了客气，实在是自己也不知道怎么接对方的话。

无论是哪一种，对于你推进沟通都不是什么好事。为什么呢？因为对方在表达时，他说的话是由复杂的理解、感受与观点综合组成的。如果你上来就打断或反驳的话，他就没办法完整、理性地表达自己的需求，还可能会被你激起情绪，也跟你对峙起来，越吵越凶，

表达的完全不是他原本想要说的需求。

如果你坐在那儿只是听，那也很糟糕。因为光听，并不能解决下面的问题：

- 比如，对方可能因为表达能力有限，或是思路不清楚、准备不充分，说不清楚自己的利益需求，你听得云里雾里；
- 再比如，对方表面上是在说需求，本质上是在发泄情绪，你无从判断哪些是有效信息；
- 又或者，对方虽然说明白了自己要什么，但却藏着大量情绪，或者是在当下比需求更重要的其他信息，你必须当即接收和处理。

无论是上面哪一种情况，如果你没听到及听懂，对接下来推进对话都会带来麻烦。

真正的聆听不是闭嘴傻听，而是对话与交互

沟通，是一个信息与情绪交互的过程。既然是交互，就需要有信息的发出和接收。发出与接收都顺畅，就实现了大家所谓的“高效沟通”。反之，如果信息和情绪的交互受到阻碍，就会出现问题。

作为“交互”过程中很重要的一部分，“聆听”对于促成信息

与情绪的交互有着重要的作用。但很多人对于聆听都有误解，以为聆听就是克制说话，耐心听对方讲。但事实上，如果你只是闭嘴式地听，哪怕你再真诚，对话都可能只是单向的，甚至“尬”在那里，很难进行下去——因为没有交互。

这就是为什么我们要学习“积极聆听”技巧的原因。所谓“积极聆听”，是在听的过程中，通过有技巧的互动与对话，促成真正有意义的信息接收与交互，而不是单方面地闭嘴、傻听。积极聆听能够帮助你在听对方说的同时，也能与对方产生互动，既鼓励对方说得更多更清楚，也确保对方情绪平稳，不至于在说的过程中，夹杂太多的负面情绪。

真正的“聆听”，不仅包括听懂对方说了什么，还包括洞察对方的身体语言，解读对方没有说出来的话。

用三合一积极聆听法，引导对方说清楚利益需求

怎么才能做到“积极聆听”呢？在高难度沟通现场实现积极聆听，需要你具备三个技巧——真诚询问、阐释确认、认同感受，我们把这三个步骤叫作“三合一积极聆听法”。

在正式进入“三合一积极聆听法”之前，你还需要先做一个准备工作，就是让自己静下心来倾听。这是因为在沟通的时候，你的注意力可能会因为种种原因而分散，让你无法全神贯注地倾听。

在这里，我们分享一个很实用的集中注意力的方法，叫“快速复述法”。这个方法是哈佛谈判项目的创始人之一、沟通专家德雷克·阿顿[①]提出的。使用这个方法时，你需要在倾听对方的同时，在心里快速复述对方讲的东西，以帮助你集中注意力。比如，你可以反复用下面这个句式来与自己对话：“他刚才说 ××，他刚才又说了 ××。”

通过这个简单但好用的技巧，你可以把注意力快速集中到对方正在说的内容上。这个时候，你就可以启用“三合一积极聆听法”，来了解对方的需求了。

技巧一：真诚询问

很多朋友可能都习惯去猜对方的心思，这种倾向在职场上，一般会有两种情况：

- 一种是带有明显的偏见，比如，在老板眼里，下属一定没好好用心、努力工作；而在下属眼里，公司一定不愿意给员工更高的工资、更好的福利。
- 另外一种是，明明自己没听明白对方表达了什么，但因为面子问题，不好开口问清楚，只好瞎猜对方的心思。

① 参见：《哈佛经典谈判课》第九章，德雷克·阿顿著，北京联合出版公司。

无论是哪一种，都会导致你把握不好对方的需求。怎么解决呢？其实很简单：不清楚就问呗！你别觉得这个方法太随便，在沟通中真有个术语，叫 ASK，它是 Always Seeking Knowledge 的缩写，也就是“永远寻求信息”的意思。因为在任何沟通中，信息就是力量。

但是，我们在这里要强调一下，这个“问”，是“真诚询问”，而非“质问”或“明知故问”。举个例子来说。想象一下，如果你在绩效谈话时提出了加薪，而领导跟你说：“你是公司中层，我希望你能够看看现在咱们公司业务的实际情况，再考虑一下你的加薪要求。”你听了，完全不知道领导是嫌你的加薪要求不合理，还是你的绩效达不到加薪要求。

这时候，如果你说：“我就是考虑到业绩了呀，难道我去年做了这么多业绩也不值得加薪？”或者“我辛苦一年，难道这么点儿要求都不能满足？”这样的问法不叫真诚询问，因为你并不是真心想通过提问来拿到更多有用的信息，你只是在发泄情绪。可想而知，这样的询问，是没办法帮你了解对方的真正需求的。

那么，如果是真诚询问，该怎么问呢？你可以这样说：“不好意思，我没太听懂您话里的要点，能否请您说得详细、直接一点？”

为什么要这样说呢？一来，这样的措辞，不会激怒对方，或让对方觉得难堪；二来，你这样说，可以向对方释放一个清楚的信号，那就是你说得太模糊了，请说得清楚一些。

在这里，我们还为你列举一些常见的真诚询问的话术，供你参考，比如：

- 请问您想达成什么样的具体目标呢？
- 这个问题，您期待被怎么解决？
- 对您来说，哪些事情是没有商量余地的？
- 您能否再多解释一下刚才您提出需求背后的原因？

当然，你读到这儿，也可能会想，就算我像上面的话术中那样问了，但对方还是说不清楚，或者装听不懂，怎么办呢？别着急，如果真是这样，咱们就可以用第二个技巧，叫“阐释确认”。

技巧二：阐释确认

“阐释确认”听上去有些拗口，我们来给你解释一下其中的两个动作：

- 第一，用你自己的话来解释一下，你刚才听到的内容；
- 第二，把这个话当作问题，再问对方，让他来确认。

比较而言，“真诚询问”是一个开放性的问题，是请对方提供信息，它是“阐释确认”的基础；“阐释确认”是在对方给出信息后，对信息进行理解，并请对方确认你的理解。这两个技巧通常会结合使用，通过“真诚询问”请对方提供更多信息，再利用一步步地“阐释确认”，最终确定对方的利益需求。

比如，继续上面的例子，如果你让领导说得详细点，领导回复你说：“哎呀，你也知道，现在整个大环境不好，公司在缩紧预算，这些老将如果都不和公司共进退，那还怎么带队伍？”这样的回答很模糊，你依旧不知道他到底想让你怎么做，这时候，你就可以这样回复他：

我尝试理解一下您的意思。您是说，希望我改变加薪要求吗？

这就是一个初步的阐释确认。为什么你要这样问呢？原因有两个：要么是对方说不清楚自己的需求，要么就是对方不好意思说。无论是哪一种，都不利于问题的解决。因此，你的阐释确认，扮演着推进谈判的重要作用。

让我们继续回到对话中。如果领导回答你，他就是想让你降低加薪要求，你又该如何作答呢？你可以继续真诚地询问他：

我想请教一下，您是基于哪些考虑，想到一定要通过让员工减少加薪来降低成本的呢？

领导也许会说：我也是没办法，你也看到咱们今年的业绩不好，整个公司没钱赚，而员工工资是最大的成本，只能减少这块成本。这时，你可以这样继续阐释确认：

我理解公司最近业绩不太好，但我还是想问清楚：您是想取消这次所有同事的加薪？还是只是降低加薪的幅度？如果是前者，那对业绩做得很好的同事来说不公平，会直接引起离职；如果是后者，我相信只要好好交流，同事们是愿意讨论一些其他的补偿或激励方案的，比如，提高眼前业绩的分成比例，以抵消对未来的不确定性等。当然，如果您有不一样的考量，也可以告诉我，方便我理解您的难处。

对于很多职场人来说，谈工资这样的事总是非常被动的。但从上面的对话中，你可以发现：作为对话的主人，你可以通过阐释确认，按你的思路来主动推进对话。因为对领导来说，在这种情况下，他必须根据你具体、客观的问题，给你明确的答复。

记住：你的一步步阐释确认，是在帮助自己，也是在帮助对方，弄清楚眼前的处境，更好地解决问题。

技巧三：认同感受

除了像上面那样非常理性，用提问一步步推进对话之外，积极聆听还需要一项关键能力，就是能及时地认同对方的感受。比如，上面那段话中，最后那句“当然，如果您有不一样的考量，也可以告诉我，方便我理解您的难处”。

你有没有发现，很多人在对话陷入冲突时，会不断重复在听者看来并不重要的话。比如，主管与下属在沟通某个项目上出现的问题时，下属会找各种理由解释这个问题背后的种种原因，来来回回说的都是同一个意思：出现问题，并不是他的责任。反过来，下属要主管提供资源或人力支持时，主管兜着弯子说现在公司有多不容易，自己也每天加班到深夜等等。这种情况下，很多人都不知道是该直接打断，还是要耐着性子听完。

听话要听背后的意思。当对方不断重复说一些没有重要意义的话时，他们其实是想表达某种情绪或感受。比如，下属对项目出现的问题，其实也很焦虑，怕担责任；而主管面对公司当前业绩下滑、人手不够的现状，他也顶着巨大的压力，期待得到下属的理解与认同。

了解了这一点之后，具体在沟通中该怎么做呢？对一名会积极聆听的谈判者来说，这时候他要做的就是用积极聆听法中的第三个技巧，那就是认同感受。

认同对方的感受这个技能，包含两个关键点：

- 首先，要快速地向对方表达出你认同他的感受；
- 然后，把话题引向解决问题的谈判正轨上来。

比如，对方一直在说项目出现问题不是他的错。你就这样回应说：

小王，我能感受到项目出了问题，你也很着急，你本意上也并不想这样。但我相信，项目往前推进，还是需要你的支持。咱们接下来，就谈谈怎么可以帮助大家来让这个项目顺利推进吧！

再比如，对方一直向你抱怨最近很忙，没时间去忙别的项目。你可以这样干脆地回应道：

小李，我听到你一直在说最近很忙，几个项目同时在进行，各种琐碎的事情经常会同时发生，如果我是你，估计也会很心烦。但事情还是要做，管好这个客户的项目也是你的责任。为了帮你更高效地管好眼前的项目，咱们要不一起讨论一下该怎么办？

上面两个回复，既没有否认对方想表达的情绪或感受，没有激

起对方的负面情绪，又巧妙地把对话拉回到正轨，为继续探讨需求做了铺垫。当然，这里的“认同感受”，认同的只是对方的情绪，而非认同对方对事实的理解或持有的观点。

在实际的高难度沟通中，当你认同了对方的感受之后，你都可以重复“真诚询问”“阐释确认”这两步，引导对方来弄清他们的需求。

化“指责”为“归责”，将别人的责难转变成推进的机遇

高难度沟通是解决冲突的沟通。然而，一旦进入到高难度沟通，大家就会陷入一个模式中，那就是争论到底谁对谁错。

项目经理王磊，最近在跟一个老客户的M项目，因为是长期客户，项目的金额不大，利润率也不高，因此他觉得没必要专门抽出一组人手来做这个项目，就从其他项目里抽调了几个人来做。

项目中期的进度会上，和王磊对接的客户李经理，当着王磊上司邱总监的面说：“这个M项目，到现在我是不满意的。你们团队反应速度太慢，跟不上节奏，让我觉得推进起来很费劲。你们是不是觉得我是老客户了，业务稳定，就不那么上心了？”

王磊感到很委屈，他觉得自己已经尽力在协调人手了，客户不该“倚老卖老”，要求那么多。于是他回复说：“咱们合作这么久了，你也知道，我们能调动多少人手、资源，得看项目盘子有多大。这次M项目体量不大，我们前期已经沟通过人手问题，在这样的预算下，你也同意不需要一支专门的执行团队来做，为什么项目开始了，反倒说我们团队跟不上了？”

李经理一听，更急了，说道：“怎么协调人手是你们内部的事，我把项目交给你们执行，我只要结果，现在结果不尽人意，你们就要负责！”

王磊坚持：“我们就是按你们的投入分配资源的，而且你前期也同意，现在出现这样的结果，你们自己也有责任！”

就这样，双方对谁该负责这件事僵持不下，听着王磊的辩驳，邱总监的脸色越来越差。

双方都在互相指责，沟通陷入僵局，这种情况下你该怎么做呢？怎样才能把责任划归清楚，又不引发争吵，并将对话推进下去呢？这就是这一节我们要讲的技巧：化“指责”为“归责”。

在此之前，我们首先要弄明白一个问题：为什么高难度沟通中双方容易陷入指责模式？

出了问题，先从别人身上找原因，是人的通病，在高难度沟通中更是如此。因为双方立场、理解、情绪的不同，彼此都会视对方为敌人，对于对方的意图、语言、行为等，会有负面的解读或预设。比如，认为对方故意没做好、没用心等。

带着类似这些负面的预设，当你在现场见到任何可能与这些预设有关联的“风吹草动”时，你都会立即进入到“战斗”模式，也就是指责模式，然后说出类似开头例子中的话：总而言之，都是你的错，责任都是你的。

然而，事实真的是这样吗？显然不是，大多数情况下，责任是双向的，问题是多方面因素形成的。化“指责”为“归责”就是建立在这个基本常识之上。当你学会这一招之后，就会发现语言以及沟通技巧的神奇力量。

“指责”与“归责”，大有不同

“指责”和“归责”这两个词听起来有一些抽象，我们先来看一下它们之间的区别。

指责，是责备、责骂的意思。它的本质是往回看，是对于过去发生的行为的评判。当你开始指责别人时，你的目的是让对方觉得他是错的，并且希望能以某种形式来惩罚他。说白了，一旦你指责对方，对方就成了一个被告。

比如，在上面的例子中有一句话：“我们就是按你们的投入分配资源的，而且你前期也同意，现在出现这样的结果，你们自己也有责任！”背后的潜台词其实就是：你过去做错了，所以你没拿到好的服务是对你的惩罚。

当进入到“指责”模式时，表面上，你是在试图展现你的强硬，但这种强硬，只会导致对方的反抗。在高难度沟通现场表现出来的就是，你会和对方越吵越凶，越吵越僵，没办法解决问题，更别提争取更多利益，建立友善信任的关系了。

再来看“归责”模式。“归责”，是梳理清楚责任的归属。它的本质是往前看，弄清楚在未来，双方应该如何做，做什么或不做什么，才能解决当前的问题。在“归责”模式中，对方不是被告，而是你的合作者，是和你一起解决问题的。

一个典型的“归责”式的表达，可以这样来说：

我很抱歉，项目出现了问题，这里肯定有我们的问题。但既然是一起做事，我相信责任肯定是双方共担的，里面也有你们需要改进的地方。解决问题要向前看，我们不妨一起心平气和地讨论一下，咱们双方怎么去做一些事，来一起解决这个问题。比如，大家是不是可以一起看看各自还有哪些能调配的资源，一起把项目顺利推进下去？

可以看出，“归责”模式是客观地分析双方存在的问题，最后要引导到对“未来该怎么做”这一话题的探讨上。

对比这两种不同模式，你可能会担心，主动承认自己的问题是不是软弱的表现，会不会影响自己在沟通中的“气场”？我们在这里要特别强调的是：“归责”模式不是软弱，不是让你任由对方去指责；恰恰相反，“归责”模式是一种务实的强硬。它犹如打太极，对方上来指责你，你不是无脑地由着他骂，而是顺着他的骂，引导他进入到对解决实质问题的理性讨论中去，而这一点才是推进谈判的关键。

接下来，我们就给你拆解在现场如何才能做到变“指责”为“归责”。

变“指责”为“归责”：把责任说清楚，又不引发争吵

变“指责”为“归责”的方法源自于道格拉斯·斯通和他的团队[①]，我们根据自己的实践，整理总结成以下四步，它们分别是：

- 承认自身责任
- 提出共同责任
- 引导向前看

① 《高难度谈话》，第四章，道格拉斯·斯通，布鲁斯·佩顿，希拉·汉著，光明日报出版社。

• 提出建议

我们不妨结合上面举的“归责”的例句，来具体看化“指责”为“归责”的四个步骤。

第一步：承认自身责任

刚才这段话中，第一句是：“我很抱歉，项目出现了问题，这里肯定有我们的问题。”这句话就是四步法中的第一步，主动承认自身的责任。

这一步是四步法的基础。在使用这一步时，我们有一个很重要的心得可以分享给大家，那就是：尽早承认自己的责任，尽可能客观、诚恳。

因为在关于问题的交流中，双方都倾向于等待对方先做出改变，这就会导致谈话陷入僵局。就像我们一直在强调的那样，你要为沟通的结果负责，所以你越早勇敢地承担起自己的责任，也就能更早地把沟通往理性交流的方向推进。

当你主动承认自身的责任问题后，需要表现出你不是在做妥协，所以要马上准备好进入到下一步，也就是引导对方，看到他们自己的责任。

第二步：提出共同责任

例子中的第二句是：“但既然是合作，我相信责任肯定是双方共担的，里面也有你们需要改进的地方。”这句话就是四步法中的第二步，提出共同责任。

这一步的关键是强调“合作一定是双方的活动”这个概念。如果你觉得只说“责任肯定是双方的，里面也有你们需要改进的地方”这句话还不够清楚、有力，那么你可以运用前面提到的“中性表达法”，清楚地说明你的观察以及你的推理。

比如，你可以补上一句：“举个例子来说，根据我的观察，在过去的三个类似的项目中，你们的预算都不足以负担一支专门的服务团队，而我们这次也是采用同样的团队配置方式来服务的，你们也对成果表示满意。如果这次的项目你们的确需要专门的团队来服务，应该在咱们前期沟通时就指出来，并且给我们预留足够的预算，这样我们才能有充分的资源和时间去配置专门的服务团队。”

在使用这一步时，需要提醒你的一点是，尽管你是在用“归责”模式，但是稍不注意，对方很可能又会觉得你是在指责他。所以你的描述要尽可能中性，要用中立者的视角，站在对方角度考虑，去看待双方的行为本身，以及它对双方合作产生的影响。

完成这一步之后，你就可以进入到第三步：引导向前看。

第三步：引导向前看

例子中的第三句是：“解决问题要向前看，我们不妨一起心平气和地讨论一下，咱们双方怎么去做一些事，来一起解决这个问题。”

这句话就是引导向前看。

四步法中的第三步，对扭转对话来说至关重要，因为从解决问题的本质上说，你们不需要太纠结于过去发生了什么，而应着眼于未来该去做些什么或不该做什么。

这里同样也有一个使用上的小技巧：在引导向前看时，要专注在未来的“行为”本身，而不是比较虚的“态度”。

之所以要强调这一点，是因为根据我们自己的实践以及观察发现，很多冲突的争论焦点都是争对方的态度好不好，比如说是不是主动、是不是有诚意，然而这是一个双方很难达成共识的定义。但“行为”，它能让双方都看见，并且可以具体到时间、地点、次数等等细节上。比如，你希望对方把沟通的频率提高到多久一次，需要对方提供哪些支持，等等。

有了这样一个意识之后，你就可以顺利地走到第四步，也就是“提出建议”。

第四步：提出建议

例子中的最后一句是：“比如，大家是不是可以一起看看各自还有哪些能调配的资源，一起把项目顺利推进下去？”这其实就是在提出具体的建议了。

第四步是这四步法中最重要的一步，因为它实实在在地把对话从争论“责任到底在谁”带到了“我们该如何解决问题”的讨论中去。

听到这儿你可能会担心，这一点在现实中真的能做到吗？万一对方还在纠结、争论怎么办？一般来说，只要是成年人，当一方比较冷静地提出下一步该怎么做的时候，另一方也不会再与你无理取闹。当然，这里也需要你尽量用中性表达。

在这一步中，真正考验你的是你能提出什么样的建议。除了在上一步中我们提到，要专注在行为上之外，你还要确保提出的行动建议能符合解决问题的规律。

一般来说，如果我们把高难度沟通的场景进行分类，大致可以归结为人、钱、事三个维度。比如，在前面的案例中，团队人手就属于“人”的维度，预算就是“钱”的维度，而客户提出的反应速度慢则是“事”的维度。当你把沟通背后的问题拆解到这几个框架中时，就能理清楚双方在这些维度中各自的责任有哪些，从而快速梳理出可能的解决办法或者解决问题的切入点在哪里了。

当然，如果你之前没有在头脑中形成解决问题的思维，在高难度沟通的高压现场可能很难一下子提出靠谱的解决方案。所以，在平时的工作和生活中，有意识地去用这个框架刻意练习发现问题、定义问题、解决问题的思路，将会让你在遭遇高难度沟通时思维更加敏捷，表达更有自信。

以上就是变“指责”为“归责”的四步法。在高难度沟通现场掌握了这项高阶能力，你就能成为一个“三有”（有理、有力，也有礼）沟通高手。对方也会因此更加尊重你，从而更好地与你交流，解决问题。

改造对话，把双方的争吵引向解决问题的讨论

在这一小节中，我们将分享高难度沟通中的最后一个技巧，那就是“逢山开路，遇水架桥”的“改造对话”技巧。运用这个技巧，无论对方在对话中如何跑题、打岔，你都能把对话的方向拉回到正轨。

在讲这个技巧之前，我们先来看一下沟通中经常出现的一个情况——“跑题”。

三种高难度沟通现场常见的跑题现象

但凡高难度沟通，总会遇到一些争执，比如争对错、争输赢、争利益、争面子……一旦进入到争抢模式，对话不可避免地会偏离主题。

吴经理团队里的小孟，工作一直很努力，经常加班，甚至周末也常把工作带回家做。可按照吴经理的经验，小孟这个职位的工作量应该没有那么大。果然，他观察了一段时间后发现，原来是小孟还不太会管理时间，相比其他同事，她的工作效率要低很多，只能

靠加班赶上进度。

吴经理觉得自己作为领导，有义务教小孟一些科学的时间管理方法，帮助她提高工作效率。于是，他找到小孟说：“小孟，我看到你工作特别努力，这很好，但同时我也观察到，你的时间管理能力有些欠缺，所以总是加班，我希望能帮你一起提高工作效率。”

可是小孟似乎对这件事特别敏感，听了这句话，不但没表示感谢，反而一下被激起了情绪，冲吴经理大声喊道：“难道我主动加班还错了吗？”

吴经理没想到小孟会有这么大反应，一着急也反问道：“你急什么？难道我想帮你少加点班有什么不对吗？我这不都是为你好吗？”

小孟听吴经理一问，更拔高了声调说：“我不需要你帮我少加点班，你多干点活，我压根也不用加班啊！”

吴经理听后，非常生气，他回应道：“你说的完全是两个概念。你要做的是提高效率，而不是让我做原本属于你工作范围内的活儿！我想帮你提升效率，完全是对你好。”

小孟一听，更急了，大声回应道：“那我要你这样的领导有什么用？”说完之后，摔门而去。

吴经理也非常郁闷，明明自己一片好心，想让小孟少加班多休息，怎么会被误会成这个样子？面对这样的下属，他甚至想当下就把小孟解雇掉。

现实中，很多时候，我们也会像案例中的吴经理那样，凭着直觉与情绪，与小孟争论。这样你一句，我一句，慢慢地对话就跑了题。

对话跑题是指，尽管双方都想努力说赢对方，但双方的交流已经脱离了沟通目标，不仅无法实现关于解决问题的高效讨论，还会导致对话无法推进下去，直至崩盘。

对话跑题的现象非常普遍，表现也各不相同，根据我们自己的实践，你在高难度沟通现场可能会经历以下几种“对话跑题”的情况：

- 不管你有多诚恳，对方就是不断打断你的话，攻击你的观点，甚至拒绝让你发言。
- 你好不容易把话题引回到正轨，可当双方对某一问题的讨论稍有进展时，他们又会搬出另一个话题来反驳你。
- 你敏锐地观察到对方的情绪，请他们谈谈自己的感受，他们却说“我没生气，我很好”，然后保持沉默或者说些无关紧要的话，对话也没办法推进。

无论是上面哪种情况，它们的共同特点都是偏离了沟通的本质目的。这种情况下，你该怎么办呢？是带着情绪离开谈判现场，还是和他们继续争论呢？

答案都不是。本着解决问题、增进信任的态度，你真正该做的是：勇敢、坚定并有技巧地来引导对话，把对话拉回主题。

把对话拉回到主题的核心方法：改造对话

当对话偏离主题，而你又要推进对话时，那就只能通过技巧来引导，也就是“改造对话”。

所谓“改造对话”，就是基于对方说的东西，改造出有利于对话正常进行的内容，来引导对话，从而“逢山开路，遇水架桥”，把陷入争论、僵持或跑题的双方，引导到讨论如何解决问题的主题上。

我们不妨用前面这个例子，拆解“改造对话”的具体技巧。

面对小孟的指责，吴经理可以这样说：

我能感受到，你对于管理时间、提高工作效率这件事可能有些敏感，对我刚才的表达有些生气。我没有任何要指责你或是觉得你工作表现不够好的意思，但我为刚才的话给你带来的不舒服道歉。同时，我也很想知道，你现在有哪些困难？我能做些什么具体的工作，可以更好地支持你，让你工作起来不是那么累？

相信你能通过这几句话，感受到话题的转变。其实，这段话也用到了几个说话技巧，我们称它为“改造对话四步法”。

第一步：启动积极聆听模式

虽然改造对话是一个打破僵局、推进对话的好方法，但它的前提依旧是我们前面提到过的积极聆听。积极聆听是推进对话的基本前提，一旦缺乏聆听，对话就会出现两种情况：

- 一种是，对方认为你不理解他说的话，因此一直努力重复他的观点或信息，以达到让你理解的地步；
- 另一种是，对方陷入情绪中，要么不断与你争执，要么选择沉默。

无论是哪种情况，都不利于你往前推进对话。

比如在上面的案例中，小孟与吴经理都已进入到争执中，双方越吵越乱，谈话也脱离了主题。这不仅影响现场的情绪，也没有实质性地推进对话，更会让他们今后工作中的关系产生裂痕。

但是，如果吴经理掌握了积极聆听的技巧，那么在听到“我不需要你帮我少加点班，你多干点活，我压根也不用加班啊！”这样的话时，即使他心里会不爽，也能够耐心地听对方表达完，并且及时地说一句：

我能感受到，你对于讨论管理时间、提高工作效率这件事可能有些敏感，对我刚才的表达有些生气，我先向你道歉。

这句话是用来认同对方的感受的，有了这句话做铺垫，就能慢慢引导对方把更多我们不了解的情绪、观点说出来。有了这一步之后，我们就可以进入到改造对话的第二步。

第二步：吸纳中心思想，找准切入点，改造对话

改造对话的精髓在于，无论对方说了哪些让你生气的话，你都有能力将对话引向解决问题的方向。要做到这一步，你需要学会“解读对方话里的中心思想”。

在案例中，小孟话里话外的中心思想无非就是：加班不是我的错，你吴经理并没有资格来指责我。因此，吴经理说了这样一句话：“我没有任何要指责你或是觉得你工作表现不够好的意思，但我为刚才的话给你带来的不舒服道歉。”这样既通过认同对方的情绪回应了小孟的控诉，也为接下来导入新的话题打下了基础。

在吸纳对方话里的中心思想后，我们就可以有针对性地找准切入点，对对话进行改造了。吴经理接着说：“同时，我也很想知道，你现在有哪些困难？我能做些什么具体的工作，可以更好地支持你，让你工作起来不是那么累？”这就是一种很好的改造方式，引导双方往积极的方向推进。

为了让你在紧张的沟通现场能快速总结对方话里的中心思想，并迅速找到切入点去改造对话，我们给你提供了一个工具表，供你参考。

职场常见艰难对话改造表

对方的中心思想	改造的切入点	改造例句
对方坚持认为他说的都是真相 比如我们经常听到的“我说的都是事实”	讲清楚你观察到的事实	“我非常理解你的话，站在你的视角，你可能会觉得你看到的是事情的全部，但我也想从我的视角分享一下我观察到的一些事实。”
对方控诉你的意图 比如“你这是过河拆桥，要故意搞我”	讲明白你的意图，并对它产生的客观影响表示抱歉	“我没有任何要伤害你的意图，但我对由此给你造成的困扰表示抱歉。我想做的是，与你商量我该如何更好地支持你？”
对方会对你做不公平的评价 比如，“你是我见过，最不专业、最不靠谱的合作商”	先对对方的感受表示理解或认同，然后让对方说明评价背后的具体依据	“我理解你现在非常生气，同时，我也希望能听听你的想法，这样我们才能更好地改进工作。”

续表

对方的中心思想	改造的切入点	改造例句
对方尝试逃避责任 比如，“我们并没有做得不对”	讲明白当前双方合作，需要双方做什么	“放心，我并没有在责怪你们有什么做得不对的地方。我更关注的是为了推进接下来的合作，咱们需要一起做哪些事情。”
对方指责你的问题 比如对方说“这都是你的错”	认可自己的责任，同时指出双方的责任，变指责为归责	“我很抱歉，这里肯定有我的问题。但既然是合作，我相信责任肯定是双方共担的，里面也有你们需要改进的地方。我们能否商量一下接下来咱们该怎样互相配合，才能更好地推进工作？”

在这个表里，我们为你总结了五类可能导致对话跑题、脱轨的话，也分别给出了改造这些话的切入点和例句。有了这张工具表，加上平时的练习，你大概就能知道，怎样根据不同的情况来改造对方的话，从而从容应对高难度沟通现场可能出现的对话僵局或跑题状况。

第三步：暂停原来的对话，把当前矛盾作为新话题，专门来探讨

如果你做了前两步，对方依旧不配合，仍纠结于你在这件事情中做得不对的地方，这种情况下，你就可以启用第三步：暂停原来的对话，把当前矛盾作为新话题来探讨。

在现实中，沟通高手都是能引导对话的那个人，但“引导对话”并不是机械地照搬提前准备好的沟通思路，而是能根据现场的需要来灵活调整话题。

想象一下，如果小孟一直纠结在“吴经理并不是在帮她，而是在指责她”这样的情绪与心结中，那么，对话就没办法真正推进下去。这种情况下，吴经理就必须暂停下来，先把小孟的心结解开，再往前推进对话。

吴经理说的“同时，我也很想知道，你现在有哪些困难？我能做些什么具体的工作，可以更好地支持你，让你工作起来不是那么累？”这句话，其实就是抓住了当前两人之间的矛盾，专门将其作为一个话题来讨论。在这里，吴经理并没有继续与小孟讨论提高效率这件事，而是客观地去了解小孟现在的困难。

这一步的关键在于，你需要提炼对方一直在纠结的问题，并且清楚地表达出来，将它作为一个新的话题来讨论。为了方便你理解，我们再举另外两个例子来让你感受一下：

我发现，不管我们讨论什么话题，你最终都会回到我们对努力工作的不同理解上来，也许我们应该先讨论一下评估工作成果的标准，再去讨论如何推进工作，否则咱们的交流只会停滞不前，无法取得任何成效。你觉得呢？

不好意思，咱们暂停一下，我发现每当我表达一个我认为很重要的观点时，你都会不断地打断我，这样的情况在今天的交流中已经出现了四次。我能感受到你心里有点儿不爽。如果你内心有什么跟我们不一样的想法，不妨你都先说出来。我愿意耐心听你说完，这样能确保我们双方继续心平气和地谈下去。

根据我们的实践经验，类似于上面这样的例句，不仅可以帮你在高难度沟通现场扭转方向，更重要的是，可以避免双方在没有意义的话题上互相争论，浪费时间，消耗关系。

第四步：及时总结，推进对话

除了上面三个非常重要的步骤之外，推进对话还有一个很有用的小技巧，那就是及时总结。这个方法并不复杂，只需要你在对话时能及时地总结你们聊过的话题内容就行。比如，吴经理在与小孟聊完了小孟现在工作中的困难之后，就可以这样快速总结：

谢谢你愿意告诉我你工作中面临的难处，我也非常理解你刚才提到的项目时间很赶、工作任务多、很多工作交叉进行等困难。这些困难，我相信很多人都经历过，我自己也经历过。接下来，如果可以的话，我想和你聊一下如何去应对这些困难以及你需要什么样的支持？

如果你能像上面这样及时总结对话内容，对话就会在不知不觉中得到推进。

以上，就是“改造对话，把双方的争吵引向解决问题的讨论”

的核心四步方法。相信你在学习时，也能感受到它们对推进高难度沟通所起的作用。这些方法也完整地体现了“高情商金字塔”中对于情绪、表达与思考三者的高要求。在开始运用时可能会有些困难，但练得多了，你就能把改造对话变成你应对职场高难度沟通的好习惯。

本章总结

- 中性表达是一种兼顾事实与感受、己方与对方情绪的表达方式，在高难度沟通中使用“中性表达三步法”，能够帮助我们既清楚地表达自己的观点，又不至于因此而激怒对方，让对话陷入僵局之中。
- 沟通是一个信息与情绪交互的过程。通过“真诚询问、阐释确认、认同感受”三合一积极聆听法，能够帮助你在听对方说话的同时，与对方产生互动，既鼓励对方说得更多更清楚，也确保对方情绪平稳。
- 当沟通陷入僵局时，可以使用化“指责”为“归责”四步法来推进对话。指责的本质是往回看，是对于过去发生的行为的评判，而“归责”的本质是往前看，弄清楚在未来双方应该如何解决问题。在“归责”模式中，对方不是被告，而是你的合作者，是和你一起解决问题的。

- 当对话偏离主题时，你可以使用“改造对话四步法”，基于对方说的信息，改造出有利于对话正常进行的内容，从而将陷入争论、僵持或跑题中的双方引导到讨论如何解决问题的主题上。

第三部分：高难度沟通现场经典案例还原

我们在前面两个部分分享了关于高难度沟通的概念以及五大应对高难度沟通的核心能力模块。从这一部分开始，我们将通过四个案例的复盘，为你呈现高难度沟通的实战场景，并详细拆解前面章节中的方法是如何在真实环境下使用的。

在案例的写作上，我们参考了哈佛大学商学院的案例写作原则，一方面尽可能还原案例的真实性，另一方面也选取了几类典型的职场沟通场景。尽管每个人的职场经历不同，但我们选择的四个案例，涵盖了对上、对下、对内、对外四种关系，并体现了与领导、下属、同事及合作方四类沟通对象沟通的原则，具有很强的实用价值。同时，在每一个案例里，我们都会用“案例导读”“案例背景”“沟通准备”“沟通现场”“行动建议”这五个版块，将理论方法与实践应用结合起来。

我们希望你能通过对这些案例的学习与思考，加强自己的高难度沟通能力，在今后碰到类似的沟通问题时，能够更好地应对。

案例一：对上｜怎样通过对话，来了解老板的心思？

案例导读

在找我们咨询沟通的学员中，80% 以上的学员都会问及如何与自己的直属上司更有效地沟通。根据我们的观察，这背后的原因主要有两个：

一、相比其他职场关系，员工与其直属上司之间的互动更频繁，也更容易引起冲突，导致高难度沟通的发生；

二、随着越来越多的行业与公司的互联网化，年轻的主管、经理越来越多。虽然他们的专业技能与职位提升得很快，但并不具备与之相匹配的沟通技能。在工作节奏越来越快的职场环境中，他们这种在沟通技能上的能力欠缺，给团队带来了很多沟通难题。

正是因为有这样两种客观因素，对职场人来说，学会与上司在各种场景下的高难度沟通，就显得非常有必要。

在这个案例中，我们想请你重点关注以下话题：

- 李涛是怎样管理自己与薛总的情绪的？
- 在薛总几次不想交流下去的时候，李涛是怎样推进对话的？
- 当薛总责备他时，李涛是如何变“指责”为“归责”，进而改变薛总对自己的态度的？

案例背景

李涛三个月前入职了一家科技实力雄厚的大型企业。为了持续激活企业的创新动力，李涛所在的研发中心以项目组为单位孵化新的技术项目，这就要求研发部门的人员不光要懂技术，还得在项目孵化期内做个多面手。李涛进入的项目C组，就处于产品研发基本完成，开始冷启动的阶段。

这也是这家公司最初吸引李涛的地方，虽然工作职责多了，工作会比较累，但他从职业发展的角度考虑，觉得一直做技术总会有跟不上的一天，如果能全面了解项目的孵化运作，对自己将来拓宽职业路径会很有好处。所以，李涛在刚入职时，对这份工作期待很多，也很有热情。

李涛入职时，因为有3年多的专业技术经验，所以被定在了技术岗，负责产品上线前的各种技术调试。他想着，从自己熟悉的领域开始也好。

过了一个月，李涛的上司薛总让他去负责给公司销售部和市场部做产品培训，为将来上市后的推广做准备。虽然李涛觉得产品还没有试运行就大范围培训有点早，万一有什么关键的技术调整，将来还得再做一轮，但他想，自己是开发后期才加入的，可能在他来之前，该产品已经测试过几轮了，薛总肯定有把握，所以就服从了安排。

可没过两个星期，薛总又让李涛调整职责，去销售部一起为新产品跑客户。李涛很诧异，这跨度一下子有点大吧！但想着能接触更多领域，他也就答应了。没想到，还不到一个月，薛总又跟他说，市场部那边项目的前期推广还得熟悉技术的人去支持，让他去市场部……

李涛彻底凌乱了，虽然他想多接触一些领域的工作，可被薛总这么支来支去，他在哪个领域也没能深入学习，反倒感觉自己就像是个“壮丁”，哪儿缺人就被抓到哪儿。研发中心的老员工王哥看李涛一副受挫的样子，拍着他的肩膀说：“小李啊，咱们薛总就这风格，想一出是一出，我这么多年也没摸清楚他的套路，你习惯就好了。”

李涛一听心更凉了，明明为了自己有更好的职业发展才放弃了另一个高薪 offer，选了这家公司，偏偏遇到这么一个不考虑下属未来的上司，是不是当初的选择真的错了呢？李涛甚至想到了辞职，但在此之前，他还是想找薛总开诚布公地谈一次。

沟通准备

这三个月以来，在李涛印象里，薛总不爱说话，跟大家平时交流特别少，下达任务也从来不解释，高冷又威严。李涛是做技术出身的，并不是个伶牙俐齿的人，和薛总交流总觉得有压迫感，所以他约完薛总的时间后就开始紧张了。

但李涛知道，这样的心态是没办法和薛总把话说开的。他想起前一段时间学过的高难度沟通技巧，知道只有好好准备才能化解焦虑。于是，他从两方面开始准备：

1. 调整情绪和心态

在多次换岗后，李涛觉得现在自己对这份工作很失望，想辞职。很明显，他这样的想法是带着很多情绪的。要想与薛总在现场顺畅沟通，他就必须要先调整好自己的情绪。于是，他利用情绪的发生机制分析自己的行为，发现：

- 所见所闻：多次被上司调岗，上司不好相处，而且同事说他就是这个风格。

- 主观臆断：认为上司不靠谱，思路不清，做出不顾及下属的职业发展的决策。
- 形成情绪：对上司的这种行为感到生气、失望，同时又害怕和他交流。
- 产生行为：后悔，想要辞职，但也犹豫。

较为客观地分析了自己的情绪后，李涛尝试用“让情绪听话三步法”帮助自己调整情绪：

- 观察自己当前的行为，他意识到心里产生了要辞职的想法，说明开始进入到“逃跑”模式，想用离开来逃避解决当前的问题——和薛总谈清楚岗位职责和职业发展规划。对于一名成熟的职场人来说，这种逃跑心态是非常合理的。
- 确定行为背后的情绪：表面上，李涛对薛总多次调岗感到生气和失望，但实际上，这是他自己对职业发展不确定性的担忧。因为他不清楚自己是否能突破技术的限制，向更广阔的方向发展转型。
- 分析情绪背后的主观判断：他并不清楚薛总多次让自己调岗是随意做出的决策，还是有其他的考虑？薛总是否有他所不了解的职场规划？或者是否还有一些他没意识到，薛总已发现的问题？

带着这样的分析和思考，李涛对于这次谈话的目标也逐渐清晰起来。

2. 确定沟通目标

根据对情绪的分析，李涛梳理出了以下两个沟通目标：

- 和薛总说清楚自己的感受，也请薛总说出他这样安排的原因
- 让薛总知道自己对职业发展的期待，了解薛总对自己职业发展的建议，并和薛总在自己的职业路径规划上达成共识

经过上述梳理，李涛发现，他现在并不怕和薛总交流了，一方面，他调整好了自己的情绪，并有了清晰的交流思路；另一方面，他相信自己是这个领域抢手的人才，如果通过交流发现薛总是一个不顾及下属发展的人，他也完全有底气离开。

沟通现场

按照约定的时间，李涛和薛总开始了入职后第一次正式深入的谈话。一开始，李涛还是有些紧张，但他稳住了自己的情绪，用我

们前面提到的“中性对话技巧”来开场：

薛总，特别感谢您这么忙还抽出时间来与我交流。我来咱们公司也有三个月了，但是已经调换了4个岗位，这让我有些困惑和担心。当然，我相信，您做出这些决定肯定有您的想法。所以今天找您聊，就是想了解一下，您是出于什么考虑做出了这样的安排，对于我的职场发展您有什么规划呢？我也想和您说说，我对未来职业发展路径的想法和期待。

薛总还从来没见过有这样直接问他想法的下属。公司向来推崇“狼性文化”，讲究的是服从与执行，他很不喜欢李涛刚才这样的说话方式，感觉是在挑战他的权威，于是说道：

我做出这样的决定，自然有我的道理，你们只管执行就好，到时候自然就明白了。你还是把心思放在怎么做好工作上，不要总想这些没啥实际用处的事儿。

李涛被薛总这么一“怼”，一下子就蒙了，脱口而出道：

这怎么会是没用的事儿呢？我当然有权知道我为什么要调岗，

也有理由要清楚将来的职业规划吧？

薛总一听李涛顶嘴，也没好气地说：

你有这些瞎想的时间，不如想想怎么干好手里的工作吧！我也没有义务跟你解释我的决定！

李涛没想到薛总直接拒绝他的提问，薛总的强势让他既生气又害怕。不过，他快速调整自己的情绪，想到自己有充分的准备，而且知道以自己现在的专业实力，就算离开这家公司也能找到不错的工作，所以他根本不需要害怕薛总。

李涛安抚好自己的情绪后，思路恢复清晰。他很后悔刚才不小心说出顶撞薛总的话，刺激他产生了抵触的反应。根据高难度沟通的要求，这时候，一定要先疏导对方的情绪，来维护对话的安全氛围。于是，他说道：

对不起，薛总，如果我刚才的话让您生气或不舒服了，我先道歉。我今天和您交流的目的也不是来和您争吵的，而是想了解一下，您频繁地调动我的工作岗位，这背后您有什么样的考量？如果我能充分明白您的用意，也能更好地在新岗位上发挥作用。

薛总听李涛道歉了，情绪稍微缓和了一些，但他并没有直接回答这个问题，而是问道：

我记得你面试的时候是很期待能多接触一些领域的，而且拍着胸脯保证愿意去学习，不怕累。怎么？现在真让你去接触，你这是反悔了？

李涛：

当然不是了！我很愿意多去接触一些不同的领域。但是您也知道，我来了短短3个月，就已经换了4个岗位了，在每个岗位待的时间连一个月都不到，能学到什么呢？

薛总：

你看，我给你机会接触了，你又说学不到东西，这是你自己的问题嘛！你要问问你自己为什么没能快速上手，学到东西，而不是在这儿质疑我的安排。我现在真有点儿怀疑是不是当初高估了你的能力。

李涛觉得薛总这样说，不太公平，内心又想与薛总争执，但他想起自己这次的沟通目的之一，就是了解为什么薛总要频繁更换自己的岗位，所以，在听到薛总这么说之后，他猜测薛总是想通过换岗位，来测试自己的学习与适应能力。

但他拿不准这一点，所以想让薛总多说一些。他决定用激发对方正向情绪的方法，来推进对话。于是，他打算认可薛总对自己的价值，便开口说道：

薛总，您这么一说，还真是提醒我了！我之前的想法是，因为频繁换岗，所以才没有深入学习的机会，可是从来没反思过自己为什么没好好抓住机会，这一点，真要谢谢您点醒我！我也想请教您一下，您让我调动这么多岗位，目的是看我是否能快速地了解、学习和掌握各个领域的东西，对吗？

薛总本来是很看好李涛的，看到李涛这么虚心，也就开始好好回答李涛的问题了：

考验是一方面吧，但你现在的表现，让我很失望。

听到薛总说自己让他很失望，李涛很委屈，但他想着要推进对话，于是，他决定先通过服软，来认同薛总的情绪。

李涛：

对不起，薛总，我之前不了解您的用意，还质疑您乱做决定，不顾我的职业发展，是我自己武断了。我一定在市场部这个岗位上好好锻炼、学习，不再胡思乱想了，请您放心。

薛总：

我放不放心，说是没用的，我只看你的行动。

李涛：

那是当然，您也知道，我是个“行动派”。我回去会梳理面对新岗位时的问题以及解决方案，也会去学习如何快速进入新领域的技能。您在这方面有非常丰富的经验，我也想请您帮我把关，多多指导。

薛总：

当然可以。

李涛观察到自己和薛总的对话渐入佳境，开始进一步推进自己的沟通目标。于是他继续问道：

您刚才说考验是一方面，那另一方面呢？

薛总：

如果你通过我说的考验，才有另一方面。我说了，你执行好，自然会知道我的用意。不过看你这样子，我还是先清楚告诉你吧，免得你又瞎猜。小李啊，其实我面试你的时候就很看好你，觉得你身上具备这种适应项目组未来需求的综合能力。我对你的期待其实不只是做某一种固定岗位的工作，更像是互联网公司的产品经理角色，懂技术、懂产品、懂用户、懂市场、懂运营，等C项目成熟了，你就可以带团队，用这些经验去孵化下一个项目。你自己想想看，我让你去的那些岗位，是不是你必须学习和了解的？

原来薛总对自己的期待那么高啊！李涛内心有一些小感动。既然薛总主动说了对李涛未来角色的期待，他便趁势说道：

谢谢薛总告诉我这些，我没想到您对我有这么高的期待！这也正是之前困扰我的问题。因为我原来并不知道您对我的职业发展有什么规划，才会为自己未来的发展感到担忧。

薛总：

我原本是想等你在各个岗位熟悉一圈之后再和你聊这个话题的。

因为我要判断你是综合能力比较平衡，还是在某一方面比较突出，或者你自己更倾向于往什么方向发展，然后再定将来的发展路径。现在你对各个岗位还没有深入了解，我觉得现在还没到这个时机。

现在谈话的局面已经打开，李涛并不想放弃职业发展的话题，继续问道：

薛总，其实我是很想往综合方向发展的，这也是我选择咱们公司的原因。虽然我们是传统的科技企业，但大趋势上，我很赞同项目里有产品经理的角色。我非常想挑战试试，希望您能给我这个机会！

薛总：

机会是你自己争取的，你能力到了，自然就是你的。

对话进行到这个时候，李涛感觉自己快要达成预定的沟通目标了：了解薛总对自己职业规划的想法，同时，也能对此与薛总达成共识。但到目前，薛总并没有明确表示让李涛往产品经理的方向去发展，同时，对这一点，薛总看起来也并不想展开再讨论。那么，对话该怎么继续推进呢？

李涛想起自己在学习激发对方正面情绪中的另一个方法，那就是尊重对方的角色、地位与自主权。于是，他稍微梳理一下自己的措辞，然后谦虚地回应道：

薛总，今天我跟您聊了之后，才知道您对我的良苦用心。您是前辈，我尊重您的决定，相信您的管理经验。但此刻，我很想听到您的指导，如果我想往产品经理的方向发展，现在除了在工作中快速学习，还需要从哪些方面提升自己呢？

薛总看李涛这样诚恳地与自己交流，认可自己做的事儿，心里也很开心。于是回应道：

小李啊，你如果真的想往产品经理的方向发展，除了用好你的技术背景外，你最需要提升的有两方面，一是自己的沟通与协调能力；二是自己‘以用户视角看问题’的能力。第二个我就不多解释了，现在整个行业都在以用户为导向，你平时在工作中也经常能听到这个说法。我想要重点提醒你的，恰恰是你的沟通与协调能力。我发现你在各个岗位上，都是等着别人给你派活。同事也反映你不能主动去管理项目，给他们的工作也带来了很多麻烦。既然你想转型，怎么能这样被动做事呢？

薛总说到后来，语气中带着明显的指责。李涛没想到聊着聊着，突然被老板批评了。好在他想起这种时候，如果想继续推进对话，可以启用变“指责”为“归责”的模式。于是，他回应道：

薛总，您别生气，我承认自己存在一些这样的问题，今后我会努力改正。但是，我也想跟您说明并请教一下：我毕竟是做技术出身，之前也没学过如何做好以协调为主的工作。您看，既然公司觉得我的技术背景有用，又想让我胜任产品经理那样的角色，那么公司可否考虑给我一些培训或辅导，好让我尽快提升这方面的能力？

薛总听李涛讲得合情合理，也意识到自己光让李涛去做，不给培训与支持，不太合理，于是说道：

你说得也有道理。这样吧，我回头给你分享一些技巧，同时，也给你介绍几位优秀的同事，平时多向他们请教。你看怎样？”

李涛：

太谢谢您了！那我好好梳理一下，看看自己在哪些方面做得不好，回头再约您时间请教！

薛总：

可以，具体时间我看一下日程告诉你。

李涛：

谢谢薛总。

对话进行到此，李涛不仅完成了两个预设的沟通目标：和薛总说清楚自己的感受，也请薛总说出他这样安排的原因；让薛总知道自己对职业发展的期待，了解薛总对自己职业发展的建议，并和薛总在自己的职业路径规划上达成共识。同时，他还争取到了薛总对自己往产品经理方向上发展的指导与支持。对李涛来说，这次高难度沟通，接近完美。

行动建议

读完上述李涛与薛总的案例之后，你会发现整个对话虽然结果很好，但对李涛来说并不容易，因为好几次都差点推进不下去。但好在他比较灵活地应用了高难度沟通模块中的各个技能，从而很好地实现了：

- 管好自己与薛总的情绪；
- 在几次交流进行不下去的时候，推进对话
- 当薛总责备自己时，能化“指责”为“归责”，改变薛总对自己的态度，并争取到支持

借由这个案例，我们希望你可以思考以下几个与自己密切相关的问题：

- 你与自己的上司发生过高难度沟通吗？
- 如果有，你现在回顾去看，在“理解分歧”“情绪干扰”与“认知危机”三方面，分别有哪些原因会引起自己与上司的高难度沟通？
- 在那次高难度沟通中，你的上司表现出了怎样的情绪？以什么样的形式表现的？
- 你认为你上司的这些情绪背后，藏着怎样的诉求？
- 通过本书学习之后，当你重新回顾你与上司的高难度沟通时，

哪些方面你觉得自己做得很好？哪些方面还需要提高？

- 未来，你希望自己重点提高哪些模块的能力，来避免与上司的高难度沟通，或者在经历高难度沟通时做得更好？

期待你通过这个案例的学习，能更自信地学会与领导进行高难度沟通的方法，把沟通中的不确定或冲突转变成你职场发展的机会。

案例二：对下 | 如何带好“不听话”的下属，为团队大目标做出贡献？

案例导读

在上一个案例中，我们给你呈现了与“上司”的高难度沟通技巧。这一节的案例，我们将为你呈现与“下属”的高难度沟通技巧。

那些已经晋升到领导岗位的学员找到我们交流沟通难题时，总会谈论一个话题：为什么现在的员工那么难带？在职场上，你的下属可能会质疑你、顶撞你、不服你，甚至动不动就提离职，或把你的问题举报到总经理那里。

在当今职场环境中，管理、领导新生代同事对所有刚当上主管、经理甚至总监的年轻领导者来说，都是不小的挑战。

这十年来，我们最大的感受是：你在管理、领导下属时面临的挑战，恰恰也是你不断成长、成为真正有价值领导的机遇。我们希望你能带着这样的心态，来学习接下来的这个案例。

在这个案例中，我们想请你重点关注以下话题：

- 王经理为什么害怕与下属小韩沟通？她又是如何找到自信与小韩沟通的？
- 在小韩最开始拒绝沟通时，王经理是如何突破这一点，推进对话的？
- 当王经理意识到在合作过程中，自己也有做得不到位的地方，她在沟通现场选择了怎样的策略？她又是如何带着小韩一起解决问题的？

案例背景

王经理所在的公司最近刚刚调整了业务线，她所在的运营部门与市场部门合并重组成品牌运营中心，由新来的刘总监负责。王经理的新职责是管理公司产品和品牌整体的线上运营，其中就包括原来属于市场部的新媒体运营工作。

可是，让王经理头疼的是，她虽然在管理新媒体这部分的工作，但负责新媒体的小韩和她一样，都直接向刘总监汇报，王经理对小韩没有人事管理权。

刚开始，对于喜欢踏实做事的王经理来说，只要带好业务，人事权什么的她也不在乎。但几个月工作下来，她发现小韩从来不听她的意见，总是按自己的想法做事，导致新媒体这部分的工作结果没达到刘总监的期待。当然，这在刘总监眼里，自然是王经理没有管理好小韩，也没管好新媒体工作。

王经理很委屈，和刘总监解释称小韩不向她汇报，所以她“管不动”。刘总监却说，领导力不是靠别人汇报，管好小韩是王经理的工作。她既然负责这部分的工作，和团队做好沟通也是职责的一部分，现在这样的结果，显然是因为她没有和小韩沟通好，所以必须想办法解决。

虽然心里难受，但王经理还是认同刘总监的意见。她知道，自己以后还是要和小韩紧密工作的，这个问题不解决好，将来确实难以推进工作。于是，她约了小韩的时间，进行部门改组后的第一次正式、深入的谈话。

沟通准备

这次谈话，王经理预感会比较困难，主要有三个原因：

- 一、她仍然觉得小韩和她非上下级关系，她自觉身份尴尬，有点儿名不正言不顺，不太有谈的底气和自信；

- 二、小韩是个有才华但也很傲气的年轻同事，对自己工作的自主权看得很重，他和王经理在部门合并前都不认识，平时也没有私交，甚至他和整个团队的人也都交流不多；
- 三、两人在交流时，王经理无法避免地要传达“工作结果不达预期”这个负面信息，她担心两个人会就“这是谁的责任”纠结、争论，产生冲突和矛盾，这对一向温和的王经理来说是个挑战。

为了准备这次沟通，王经理特意复习了之前学过的高难度沟通技巧，针对她的担心充分做好准备工作。

首先，她分析小韩之所以不听她的意见，除了她没有人事权这样的“权威”之外，本质上是小韩和她之间没有建立起信任。有了信任，她也就不必纠结于自己和小韩的身份关系是否尴尬了。当然，她也清楚，信任不是一天两天建立起来的，但如果两个人不开口交流，就不会有信任的基础。

其次，为了能通过这次谈话和小韩建立起初步的信任，王经理需要知道小韩的本质需求。她利用“需求四象限图”分析出小韩“想要”的是工作的自主权，“需要”的是尽快在刘总监期待的方向上做出成绩，至于其他的，就需要她在谈话中引导和了解。

王经理觉得自己和小韩的信任关系比较弱，所以，她还用“球形影响链”分析了小韩的影响力关系，希望多打开一些能够影响小韩的渠道。可小韩实在是个“高冷”的人，和大家关系都很淡，王经理觉得可能只有刘总监才能对他产生一点点影响。于是，她打算在和小韩谈话前，先和刘总监沟通一下。

她带着自己的分析去请教刘总监怎样更好地与小韩进行沟通。刘总监很欣赏王经理能有这样的意识转变，愿意主动去想如何与小韩沟通。他建议她不要纠结在他们两人的“身份”上，而是谈清楚各自在团队中的角色。王经理很感谢刘总监的建议，同时也提出，在她与小韩沟通后，也希望刘总监与小韩谈一下，一起来解决问题，提升整个团队的绩效。刘总监欣然答应了。

和刘总监谈完，王经理觉得自己对这次谈话有了更多的信心。基于自己的分析和刘总监的建议，王经理初步梳理出了这次和小韩谈话的沟通目标：

- 搞明白小韩是怎么看待目前他自己的工作状态的，以及为什么不愿意接受自己的建议
- 和小韩大大方方地交流清楚各自的角色和职责，找到一起合作的基础
- 肯定小韩的优势和贡献，激发他的正面情绪，更多地去了解小韩的需求，建立初步信任

虽说跟小韩接触不深，但王经理也能感觉到小韩对他在意的东西比较敏感，比如工作的自主权等，所以，她提醒自己，在交谈中一定要在这方面倍加小心。

沟通现场

为了让小韩感觉放松一些，王经理把谈话地点选在了公司楼下的咖啡店，下午人流较少，也比较安静。

小韩晚了15分钟才出现，一进来就匆匆忙忙地说："不好意思啊，王姐，今天我这儿有一个临时的推送，刚写完发给技术同事去把关专业知识，他们看完了我就得回去发了。你找我有什么事儿？"

王经理本来因为小韩迟到就不太高兴，听了这话更是觉得小韩没有自己预期的那么重视这次谈话，也不够尊重她。这让她多多少少都有些情绪，但她想到今天的主要目标并不是让小韩尊重她，而是推进未来的工作，于是马上调整自己的状态，还是按原来准备的思路，说出了这样的开场白：

咱们新媒体这块儿全靠你盯着，真是辛苦了！你看，公司业务线调整之后，咱们一起工作也有不少时间了，都没好好聊过。今天我找你来，也是想跟你聊聊这个季度新媒体没有达到预期目标的问题……

王经理还没说完，小韩就打断她：

王姐，我这人说话直，你也别费劲绕弯子了。你是觉得我这儿的工作没做好，拖你后腿了吧？没事儿，你就跟刘总说，如果我这儿没做好，他可以直接找我谈。虽然新媒体是在你的线上运营小组里，但我也是直接向刘总汇报的，你管不着我的业绩表现。

王经理一听，小韩这是误会她的意思了，话里全是抵触情绪。她觉得自己这是“热脸贴了冷屁股”，真不想管了。但她马上意识到自己这是有了“逃跑”情绪，于是鼓励自己要耐心些，大大方方把话说开。她知道，她和小韩现在的对话很不安全，要赶紧维持安全氛围：

对不起，小韩，如果我刚才的话让你误会了，我先向你道歉。我今天约你，不是要责怪你在新媒体这块做得不好，更不是要管你。就像你说的，新媒体是咱们线上运营很重要的一部分工作，而线上整体运营是我的职责，从这个角度看，咱们是合作关系，所以我希望和你一起找到一个解决方案，让它能达成刘总设定的目标。

小韩听王经理这么说后，态度也缓和了一些，毕竟王经理的业务能力比他资深，而且说的话也有道理。但他嘴上并不想马上“认输”。于是，他冷冷地回应道：

行，那你说怎么去找解决方案？

王经理感受到小韩虽然不太乐意，但还是愿意交流下去之后，也有了很多的自信。她说道：

咱们先不着急聊解决方案，既然咱们在新媒体这件事上是合作关系，我想先和你交流一下目前咱俩在一起工作的状态。刘总之前定下了新目标，我曾经对新媒体的工作也提出过一些建议，但我发现你并没有采纳，我想知道你是出于哪些考虑，可以告诉我吗？当然，我这样问，不是怪你不听我的建议，我只是想了解你是怎么考虑的，这样可以让我知道未来怎么做才能更好地支持你。

小韩听王经理提到自己不听她建议的事，心里不自觉地进入到了“战斗”状态。本想回一句“你难道不知道吗”了事，但因为王经理态度客气，于是回应道：

我负责咱们公司的新媒体已经三年多了，可以说整个基础都是我打下来的，所以我很清楚该怎么做。你和刘总都没在一线做过新媒体，在我看来，刘总提出的那些目标以及你的建议，都不太符合咱们公司新媒体的一贯性，我没法用。

王经理听了，犯了难，小韩这是根本就不认可老板的目标啊！但小韩现在好不容易愿意和她交流了，王经理希望能借势再推一步，于是她启用“激发正面情绪”的技巧激励小韩充分表达他的想法：

小韩，这一点我还真没想到！你在新媒体领域是专家，又是咱们公司新媒体工作的“元老”，我相信你肯定是基于这么多年的经验做出的判断。我之前给你提建议，可真是班门弄斧了。但我和刘总好像都没听你表达过这个意思，你能多和我聊聊你的想法吗？

小韩被王经理这么一夸，都有点不好意思了，但很明显他放下了开始时的对抗姿态，松弛下来了。他害羞地说：

没有没有，虽然我在专业上很自信，但王姐你这么说太过奖了。其实，你提的建议确实对实现刘总的目标很有效，可关键是我不太能认同这个目标，又没办法说，而且也不知道该跟你说还是刘总说。如果我直接找刘总，业务线在你这儿，我会觉得越级；如果找你，又觉得好像并不能解决问题。更重要的一点是，我并不觉得你在管我的新媒体啊。

王经理听到小韩这样说之后，心理感受很复杂。一方面，直到此刻，她才理解原来小韩和她一样，也一直在纠结这件事；另一方面，她觉得小韩说得对，因为刘总的不合理安排，加上小韩的傲气，她的确也产生过“不去管小韩的工作，任由他自生自灭”的心态，此刻，她也觉得非常不好意思。

对话进行到此，对双方来说绝对是个关键时刻，特别是对王经理来说，她必须要克服自己内心中藏着的懦弱与害怕，勇敢地直面问题，推进对话。于是，她回应道：

原来你是这样想的啊！那我先要和你道个歉！我之前在新媒体工作上，的确投入得不够，跟你交流得也不充分。同时，如果我是你，汇报线和业务线不同，也会觉得困惑、不好做。其实，在和你约这次谈话之前，我自己也在纠结这点，还找刘总谈过。不过，既然新媒体既是你的主要职责，也是我职责中的一部分，那么咱们的目标就是一致的，也就是一起合作，把它做好。你在新媒体方面很专业，又是主要负责人，所以我会充分尊重你做出的决定，也不会过多干涉你日常的执行工作。但既然是合作，我也希望咱们能充分沟通，在遇到像你认为目标不合理这样的情况时，咱们可以一起商量解决。

小韩听王经理能够理解他的感受，而且还主动在他最敏感的问题上道了歉，心里好受了很多。此刻，他听王经理提出的建议很有道理，觉得自己之前是太敏感了，顿时有点不好意思："王姐，谢谢你告诉我这些，看来我之前真是想多了。"

对话进行到这儿，王经理和小韩之间已经基于相互的理解，建立起初步的信任了。但新媒体没有达成目标的具体问题还是要解决，于是王经理说道：

哈哈，是我和你主动沟通太少，以后咱俩多聊聊。你刚才说刘总的目标不合理，我也想请教你，以你的专业看，为什么觉得刘总的目标不合理呢？你有什么建议吗？

王经理问了这个问题之后，对话又朝着沟通目标迈进了一步。小韩回答道：

我觉得刘总给咱们大部门的整体目标没有错，但分解到新媒体领域里，尤其是咱们公司这个新媒体工作的现状，就不太合适了。这个话题交流起来就有点长了。

王经理本来是想继续推进下去，直接通过这次的对话解决问题，但想着信任要慢慢建立，而且自己也快达成自己的沟通目标了。于是她说道：

那你看这样好不好，今天咱俩聊了这么久，你还有推送要发，就不多占用你的时间了。关于目标拆解，能不能请你做一个初步的调整方案，以及梳理一下我能怎样支持你，咱们周四再约时间一起讨论讨论，大体定下来后，我们一起再跟刘总去交流为什么要调整以及怎么调整。

小韩：

没问题，我之前就思考过这个问题，这两天把它整理出来。

王经理：

谢谢你今天的时间，新媒体的工作肯定需要你来做好，但我也很愿意尽我所能支持你做好。有问题随时交流。

后来，王经理和小韩一起与刘总交流了调整方案，刘总肯定了他们的工作，表示他们能在工作中主动思考和交流，没有盲目执行领导不合理的要求，这一点特别好。刘总还在月度评估中，表扬了王经理推进沟通、协调团队合作的能力，认为她非常有成长为大领导的潜力。

行动建议

观察王经理与小韩对话的始末，你会发现，对王经理来说，这场对话在她眼里本来是个挑战，是她抗拒去做的事，但经过这场艰难的对话，她得到了来自领导和团队的信任，也很有成就感。这样的经历，在我们的成长过程中，也多次碰到。总的来说，就是不要抗拒冲突、抵触高难度沟通，你要相信，高难度沟通虽然有难度，但也是与对方建立信任关系的一个重要途径。

回顾整个案例，你会发现，王经理经历了高难度沟通中的很多典型难题，比如理解的不一致、对方不愿意交流、双方的负面情绪等，这些挑战，她都通过使用高难度沟通的核心技能一一克服了。在我们看来，王经理做得最好的是，当她意识到自己也有责任时，她选择的不是掩盖或逃避，而是勇敢地承认不足，且没有陷入自责中，而是大大方方地继续与小韩探讨如何解决具体的问题。这一点，是值得很多职场经理人学习的。

借由这个案例，我们希望你可以思考以下与自己密切相关的问题：

- 你与自己的下属或团队发生过高难度沟通吗？
- 那次高难度沟通，是什么原因导致的？
- 你的下属在那次高难度沟通中，表现出了怎样的情绪？他情绪的背后藏着怎样的诉求？
- 回头去看，你客观上做了哪些不正确或不合理的事情？你在沟通中又是如何处理这些问题的？
- 面对难沟通的下属，在学习了本书中的理念与技能之后，你是否有更多信心与同事直面沟通？你希望自己在哪些方面做得更好？

在我们带团队的切身经历中，我们发现：如果我们带好自己的团队，我们自己就会发展得很快；如果我们没有带好团队，我们自己的发展很快就会经历危机。职场虽然复杂，但这一点却是清晰明确的。我们希望你认可这个观点，并学会与你的下属或团队进行高难度沟通。无论发生哪些不开心的事情，你都能将它们转换成你与小伙伴建立信任关系的机会。

案例三：对内｜如何协调跨部门合作，共同高效推进项目？

案例导读

上面两个案例，我们分别给你呈现了当与领导或下属出现高难度沟通时，你该如何去应对。在平时的工作中，还有一种关系也经常引起高难度沟通，那就是与同事的合作。

很多人会觉得，同事与同事之间都是一起做事而已，不太可能会有冲突。但现实职场中，同事与同事之间的不和与冲突也很常见。据我们观察，同事与同事之间的闲言碎语、拉帮结派、穿小鞋、“甩锅”“背锅”、明争暗夺等都会引起矛盾，从而产生各种各样的不愉快。

当碰到这种情况时，有些人会勇敢地去面对、解决，但大部分人会选择沉默、逃避，因为这些人心里会想：我跟他只是同事，我的升职加薪也不需要他来支持，我为什么要费心与他维护好关系呢？

这种心态在现在的职场大环境中有百害而无一益。原因很简单：

职场上的很多工作，几乎都是要靠合作完成的。你可能会觉得眼前的工作并没有太多需要别人帮忙的，但是，当你往上走，逐渐往管理层发展时，你会发现，合作能力是非常重要的。但这种能力并不是天生的，它恰恰需要你平时多多训练。

如果你对自己的职场发展有期待，那你就不能在同事关系上太任性，你必须要学会直面同事间的不和谐状况，学会去解决它，逐渐建立更广泛的信任关系。

直面冲突与不和谐，你需要具备成熟的高难度沟通技能。在接下来这个案例中，我们将为你呈现一位初级经理与公司内的资深同事是如何化解跨部门冲突，从而实现合作的。

在这个案例中，我们想请你重点关注以下话题：

- 当跨部门的冲突不是因为你个人引起时，该如何勇敢、有担当地去面对？

案例背景

宋经理的部门最近在牵头做公司的一个新项目，需要各个部门配合且每周汇总更新各自的进度。让他郁闷的是，因为他的上司陈总监脾气太暴，在公司内部与很多部门的关系都搞得特别不好，这就导致宋经理等属于陈总监部门里的同事在寻求其他部门的支持时，别人都比较抵触。这个项目里很重要的一环还需要和市场调研的负责人张老师对接，而这位张老师和陈总监的关系很僵，这让宋经理很难推进。

虽然在项目前期的全体会上，大家约定好了各部门每周五把进度报告汇总到宋经理这儿，但张老师却总不按时发。宋经理没办法，只能周三就开始邮件、微信提示张老师。然而，对方回个“知道了”之后，依旧不按时发报告。

宋经理在张老师面前也很犯难。张老师是公司的资深人士，当年跟着老板一起创立了公司，只是他属于专家型人才，只为项目组提供调研协助，不负责具体业务。虽然宋经理知道对方可能是因为陈总监而不配合自己的工作，但他仍然很生气，可面对这个资历深、职位高的前辈，宋经理又不敢发火，更不能让陈总监出面协调，怕“火上浇油”。

为了推进项目，宋经理只好硬着头皮去找张老师，打算面对面与他交流一下。

沟通准备

在交流之前，宋经理也简单做了一些准备，以确保和张老师的沟通能够顺利、有效果。要解决让张老师按时提供报告这个问题，宋经理觉得，他需要先搞明白：

- 张老师为什么总是不按时提交？是主观上故意为难他们，还是客观上有什么他不知道的影响因素？
- 如果张老师对于提交时间有异议，该怎么协调解决？
- 如果张老师故意为难，又要怎么应对？

不过，宋经理想，作为成熟的职场人，尤其是公司的创始团队成员，张老师应该不会为了个人恩怨故意在工作上为难他们。但他对张老师并不是很了解，只听说他很清高，有点不好说话，所以在交流时，他还要多注意措辞，维护对话的安全氛围。

因此，宋经理给自己定了两个沟通目标：

- 搞清楚张老师没有按时提交进度报告的原因，并商讨出解决办法
- 交流清楚在这个项目上自己与张老师的角色，为顺利推进后面的工作打好基础，逐渐和张老师建立信任

沟通现场

宋经理按照约定的时间到了张老师的办公室。

宋经理：

张老师，不好意思，占用您一点时间，我今天是想和您沟通一下每周进度报告的事。

张老师阴阳怪气地回了句：

哟，陈总监带出来的人，果然个个和她一样喜欢‘管人’啊！我不是跟你说了我有空会弄吗？

宋经理听到后，心里咯噔一下，他感受到了张老师对陈总监的敌视态度。他一时不知道该怎么接这个话。同时，他本能地对张老师这样的回复也很抵触，心里一股想反抗的怒火“腾”地就上来了。

宋经理意识到自己正在陷入“打赢”模式，立马深呼吸了一下，提醒自己保持克制。

他回复说：

张老师，不好意思，如果我刚才问的话，让您不舒服了，我先跟您道歉。

听到宋经理的道歉，张老师觉得有些莫名其妙，说道：

你做错什么了呀，要向我道歉？别虚情假意。

这话让宋经理措手不及。因为按他之前的经验，主动道歉是最好的“扑火”方式，但怎么到张老师这儿就不行了呢？这个张老师果然不好对付。但他知道，这种情况下，疏导、安抚好张老师的情绪，是此刻的第一要务。于是，他看着张老师的眼睛，真诚地说道：

张老师，我向您道歉，并不是什么虚情假意。虽然我并不知道我本人做错了什么事，让您不舒服。但肯定有我们做得不合理的地方。所以我才会向您道歉，也希望您能告诉我之前出了什么问题，我好去改进。

张老师听宋经理说得诚恳、有理，也觉得自己为难他不太好意思，于是说：

行了，没必要弄得那么严肃，你说工作上的事吧。

宋经理看张老师情绪明显缓和下来了，知道自己的方法与努力有了效果。于是，他开始用中性表达法，清清楚楚地说明自己的理解与感受，并客客气气地邀请张老师分享想法，他说道：

我今天来是想跟您聊聊F项目进度报告的事。您也知道，它是咱们公司各个部门合作的重要项目，需要大家一起配合才能做好。按计划，每个部门都要在每周五提交进度报告，然后评估项目整体进展，但我发现您这边从项目开始到现在的三周时间里，都没有按这个时间提交，这让我很着急，因为如果您这边没有提交，我们就没法汇总整体进度报告。但是，我理解您肯定也有客观的原因或自己的想法，导致没有按时交付，所以我没有任何要指责您的意思。但是为了顺利地往前推进，您能告诉我您怎么看待这个项目，以及您没按时间做完背后有哪些困难或想法吗？

张老师听宋经理一下子说了那么多，本来觉得有些烦，但他不得不承认，宋经理说的全都是事实，既没有责备他，也态度诚恳，便放下戒备，与宋经理沟通起来。

他说：

我的确没在你们限定的时间内提交，说起来这也不是第一回了，你们的陈总监每次都是拿公司的名义，来要求我们干活。她陈总监的活儿，就是公司最重要的活儿？公司是她开的？

宋经理听后，感觉到张老师有很强的情绪，于是打算先确保对话的安全氛围，说道：

我知道陈总监脾气急，过去也可能给您带来过不少麻烦，但我知道即便这样，您也非常配合，曾经为我们的项目贡献了很多翔实的调研资料！

张老师：

你们知道就好！

宋经理知道，张老师的情绪安抚得差不多了，该进一步推进对话了。于是，他打算用“调动对方积极情绪”中的“认可对方的角色与贡献”，来与张老师交流。他继续说道：

这个项目的确很重要。因为这是公司尝试拓展的新业务方向，又是刚拿下来的客户，与客户那边的信任关系还没有充分建立。这种情况下，我们特别需要您的支持！

张老师：

听起来的确是重要的事。小宋啊，在谈项目之前，你知道为什么你们陈总监的活儿，我不太愿意做吗？

宋经理一听张老师谈起陈总监，头就又大了，但他很快想到，如果对方一直纠结在这个话题上，那就需要先解决这个话题。于是，他尝试制造轻松的话题：

哈哈，您刚才不是提到，我们总是拿公司‘要挟’您干活嘛！

张老师回道：

那也就是说说气话。

宋经理继续说：

那您是有什么别的考虑，或现实的困难吗？我可以怎样配合您？

宋经理使用了真诚询问来继续推进对话。

张老师回答：

你提的这个问题算是提到点子上了。除了我的确不喜欢陈总监平时颐指气使的神气外，更重要的一点是，我发现你们团队都不懂怎么和别的部门合作。我在这儿也工作很久了，公司从创立以来，我和很多业务团队合作过，就没见过你们这样对工作不负责的团队！

宋经理听到这，心里一惊：这怎么成了自己工作不负责了呢？但他同时也能感觉到，虽然张老师有些傲气，刚才讲的话却不是在发泄情绪。所以，他谦虚地问道：

张老师，还请您指点。

张老师说：

不知道你们自己有没有发现，你们让我们支持时，就发个邮件，扔个文件给我们，一不说明自己的思路与目的，二不和我们沟通一下客户的具体情况。我虽然是负责市场调研的，但也不能看着一份邮件就知道客户的需求啊！

宋经理回应道：

张老师，我不知道是不是我的理解有误，在我看来，咱们的分工就是我们在前端做客户，您这边做调研。如果是我们做错了，我对您说声抱歉！因为我进来就在陈总监的部门工作，也是在按她的要求做事。如果我们有哪里做得不好，也欢迎您多提意见。

宋经理知道，他必须要着眼于未来，所以很真诚地说出了上面这段话。

张老师能感受到宋经理话里的谦逊，说道：

小宋，我觉得你自己看问题还是很清楚的，这件事你也不必因为陈总监而感到为难。虽然公司有很多人不太乐意与陈总监合作共事，但也都知道她的业务能力很强。如果咱们真要好好合作，那就需要绑定在一起做事。做业务的同事，不懂调研常识，就不可能做好；反过来说，我们做调研的同事，不与业务深入交流，不摸清客户真正的需求，也不可能做出能帮助业务和客户正确决策的调研报告。

宋经理听到张老师如此中肯的回复，也发自内心地感谢道：

张老师，您说得很对。陈总监的脾气，的确给我造成了一些困扰，不过听了您刚才的建议，我知道我应该在哪方面提升自己了。一是重视调研，二是改善与调研同事的合作方式。就目前这个项目来说，不知道您有没有一些具体的建议？

张老师说：

就目前这个项目来说，你首先要把你对这个项目的理解告诉我，以及希望我们从哪些角度进行调研。你们是和客户直接打交道的人，你们的理解对调研来说至关重要；同时，下一次你再发需求给我们时，一定要提前约好时间，我们再来讨论。讨论几次后，调研的方向和方式也大致有了规划，对我来说工作更好做；对你们来说，在跟客户交流时，也会有更深入的见解，客户也会更加信任你们！如果你们前期连基本的沟通都没有，上来就让我们发进度报告，我们要怎么做呢？如果方向错了，大家是不是都要白忙一场？

对话进行到这里，基本已经达到宋经理的目的。宋经理回应道：

张老师，特别谢谢您告诉我这些！您的建议很中肯。我这就回去重新整理一下这个项目的背景和调研需求，下午再找您沟通一下进度计划，您方便吗？

张老师：

没问题。这个调研，按我的经验，如果咱们沟通好方向，我们部门能按时完成。

沟通到这儿，宋经理不仅把阻碍眼前工作的问题解决了，还发现了自身的不足——曾经的工作缺乏沟通，没做到位。经过此事，他也深深感受到高难度沟通中管理自己与对方情绪、引导对话的重要性。

行动建议

当你回顾上面的高难度沟通经过时，你会发现，最难能可贵的是，宋经理不仅成功处理了一场冲突，还把这场冲突转变为与张老师建立真诚信任关系的机会。

与其他几个案例一样，在这次高难度沟通中，宋经理用他的技能与真诚，管理了双方的情绪，推进了对话。但与其他几个案例不一样的是，他在一开始担当的是“背锅”的角色。而这恰恰也反映了现实职场的跨部门沟通中的一个很重要的问题——即使深受非议，也要有担当去做一个能协调冲突的人。

借由这个案例，我们希望你可以思考以下与自己密切相关的问题：

- 你在工作中有不和谐的同事关系吗？冲突的根源是什么？
- 这些冲突或不和，短期、长期分别会给你的职业发展造成什么样的影响？
- 在学习了高难度沟通之后，你打算从哪些方面切入，勇敢地面对冲突，并通过沟通来解决这些冲突？
- 你觉得在利用高难度沟通技能化解与同事之间的冲突、赢得同事的信任关系时，有哪些可预知的困难？从案例或本书的技能中，你学到了哪些可以帮你克服困难的经验？

值得一提的是，我们曾给很多初创企业、互联网公司的中高层管理者提供过咨询，我们发现：置身快速变化的职场环境里，每个职场人都面临巨大的机遇和挑战。要想克服挑战，抓住机遇，与不同部门的同事进行“跨部门沟通合作”成为越来越多的职场人需要具备的技能。我们希望高难度沟通技能可以帮你更好地实现这一点。

案例四：对外 | 如何化解客户误会，赢得信任？

案例导读

在前面的案例中，我们从“对上”“对下”“对内”三种关系出发，分别给你呈现了与领导、下属、同事们发生高难度沟通时，该如何用本书中的核心技能有效推进对话，增强与对方的信任关系。当然，在真实的职场中，很多朋友还要处理“对外”的关系，其中最典型的就是“客户关系”。

客户是什么？理性来看，很多人都知道客户是公司存活的关键，是“衣食父母”。但是，现实职场中，一提到客户，人们都会或多或少地感到讨厌。客户让我们加班，打扰我们过周末，耗费了我们太多的精力与时间，让我们对本来就不太喜欢的工作多了些厌烦。

在职场上，我们会不可避免地与客户闹矛盾，并引发高难度沟通。而一旦发生沟通冲突，轻则影响我们的工作效率与情绪，重则丢业务、丢工作。因此，拥有应对与客户高难度沟通的能力与经验，对职场的长远发展来说至关重要。

我们夫妻俩从事客户服务工作已经十多年，文娅运营着自己的咨询工作室，赚的每一分钱、赢得的每一分尊重，都来自于客户；佳伟在公司的职务之一便是 Client Strategist （客户策略师），担任着帮助客户与内部团队两边制定工作策略、提升合作效率的责任。我们俩服务客户越久，就越深刻地认识到以下两点：

- 客户虽然是我们的“衣食父母”，但其背后，还有他们要服务的“客户”，他们也很挑剔。因此，与客户建立信任关系，需要更多的技能、耐心与投入。
- 服务客户不是你一个人的事。也许日常与客户的对接是你一个人，但在客户眼中，你代表的是整个团队，甚至整个公司。因此，在处理与客户的矛盾时，一定要有“团队”意识，要用合作的心态去推进内外的工作。

正是在这样的背景下，我们为你精选了一个来自现实中的案例。案例的主人公王娟所做的工作并不简单，她既要带领内部团队，也要协调外部供应商一起完成工作。可以想象，在这样的背景下，她的工作有多难。

在这个案例中，我们想请你重点关注以下几个问题：

- 面对孙处长的几次指责，王娟是怎样管理自己的情绪的？
- 在对话中，王娟是如何迅速察觉孙处长的负面情绪，并时刻维持安全氛围的？
- 王娟是怎样坦诚沟通，引导孙处长说出他的感受与需求的？
- 王娟是如何利用中性表达、改造对话等技巧推进对话的？

案例背景

王娟在某大型国企负责大客户的售后维护。最近，她带团队接了一个大项目，为她的一个重要客户——当地的市级机关单位，进行整体的设备换新和系统升级。这个项目工作量大，接口单位多，但王娟觉得自己的团队很成熟——经验多、技术好，所以开始时非常有信心。

王娟和对接的客户方孙处长沟通好项目大致的情况后，就开始了项目执行的第一步：让她下面的技术员小秦，按照孙处长提供的联系名单收集各单位的现有设备和系统信息。

刚过了一个星期，孙处长突然打电话给王娟，上来就脾气很大地说："你们现在这是什么工作效率啊？怎么一个星期了，一点儿动静都没有？是不是因为我们是长期客户，以为我们只能找你们一家供应商，就不积极服务了吗？”

王娟被孙处长问蒙了，解释道：“孙处，您这是说的哪儿的话，我们第一时间就安排下去了，已经在向这次涉及的十几家单位收集资料了！”

没想到，孙处长还是不依不饶：“收集资料需要一个礼拜吗？不就是让他们填一张表格嘛！按你们现在这个速度，这么大个工程，得什么时候才能完成啊？我们可没那么多时间。还有，你们发的表格让我看了吗？”

王娟也意识到自己在这个项目上太放手了，更不敢惹怒这位大客户，赶紧赔不是说：“孙处，真对不起，是我们没有及时和您沟通进度。这样，我现在就把当前的项目进度和整体的进度规划整理一下，下午跟您汇报，您看行吗？”

孙处长回答：“今天中午一点，你们过来一趟。”

沟通准备

1. 梳理沟通目标

王娟一大早就被客户这么“劈头盖脸”地指责一通儿，心情很不好，她感到又委屈又生气。但她马上意识到，现在不是闹情绪的时候，孙处长这样说，显然是因为没看到项目的进展，所以很着急，由此才误解他们没有推进工作了。当务之急是安抚孙处长的情绪，了解孙处长的误会背后到底发生了什么。

现在，一方面，她要和孙处长重点沟通好项目的进度安排，让孙处长了解他们是怎么一步步规划和推进的，并和他商量好汇报节点，同时听取他对进度的建议；另一方面她也要找出孙处长这么着急的原因，她只知道今天孙处长生气是因为他们没有及时沟通，但这么大一个项目，才刚刚开始一周，一向很稳得住的孙处长就这么着急，背后可能还有什么她不了解的原因，王娟自己也猜不出来，只能在下午和孙处长沟通的过程中引导他说出来。

只有找到孙处长发火的真正原因，王娟才能有针对性地提出解决方案，化解孙处长对他们“服务不积极”的误解。

2. 规划初步解决方案

在电话中，孙处长除了责备他们“服务不积极”，还提出了一个具体问题，就是信息收集速度太慢。

其实，王娟也觉得有点儿奇怪，按她以往的经验，一般信息收集表发下去一周，就算没有全收回来，也总能收回一半了，可小秦却说一个都没回复。于是，她把小秦找来，想看看到底中间出了什么问题。

小秦委屈地说：

我已经把表格发给了所有单位的接口人，还整理了一份填写说明和一个示例模版方便他们照着填写。之后我又打过两轮电话，可这些单位的负责人都端着架子，说等有空了会填。他们毕竟是甲方，如果拖着不给，我们也不好天天催呀……

王娟一听就明白了，原来是小秦这孩子没经验，做事和沟通的方式太直接，没能让对方感受到来自乙方的尊重，怪不得人家要端着架子不配合。但王娟知道，现在不是责备小秦的时候，自己没有提前给小秦一些指导，所以也有一定责任。

她安慰小秦说：

听你一说，我能想象你是怎么跟他们沟通的了。这也怪我，没有提前教你怎么跟这类客户打交道。你的准备工作很充分，这点做得很好，但在沟通中没有表示出对他们的充分尊重，所以他们才不愿意配合你。没关系，一会儿你和我一起去见孙处，回来我带着你给这些单位接口人打电话。

王娟在心里估算了一下，如果自己带着小秦一起收集信息，这周肯定能收集好，所以对于孙处长提出的“收集信息慢”的问题，她已经有了一个初步解决方案。

为了体现出他们对孙处长的重视，展现出积极、认真的服务态度，王娟又紧急召集这个项目的各位骨干一起梳理了项目的进度规划、重要节点和资源配置等，并请他们下午一起去和孙处长开会。

沟通现场

王娟准备好和孙处沟通的资料后，带着团队核心成员一起来到孙处长的办公室。

王娟发现孙处长看到他们时脸色很不好。果然，还没坐下，孙处长就说：

小王，你带这么多人来，声势很大嘛！

王娟不知道孙处长这话是什么意思，但听得出来很不高兴，于是赶紧说：

这不是我们特别重视这个项目嘛！所以让参与这个项目的骨干

都来了，这样后面的工作开展起来效率也会更高。

孙处长：

那我可不敢当！你们要真是重视这项目，不如赶紧干活儿，出点成绩。带这么多人来开会有什么用，都是表面功夫，耽误时间！

王娟被孙处长这么一说，气得一下没接上话，心想：我们明明是带着团队来表示诚意的，你怎么还端着架子挑东挑西的了！团队里的每个人也被孙处长说得很尴尬，大家站在那里面面相觑。王娟马上反应过来，这是因为孙处还在生他们的气，这时候需要做的是：维持对话的安全氛围。

她对孙处说：

对不起，孙处，是我疏忽了，上午打电话时，我应该先跟您打个招呼，告诉您我们整个团队会一起来拜访的。如果我这样做让您感觉不舒服了，我先向您道歉。

孙处长听王娟主动道歉了，也觉得刚才自己有点太为难他们了，便说：

算了算了，来都来了，先都找地方坐下吧！

王娟看孙处长的语气比他们刚进门时缓和了不少，于是鼓起勇气，打算用“中性表达”的方式，提出今天要讨论的议题：

孙处长，谢谢您今天抽出时间和我们见面，真不好意思，还占用了您中午休息的时间。我们今天来，一方面是和您汇报一下项目目前的进度，以及后面整体的进度安排；另一方面，我们也想了解一下您对项目进度的期待与指示，因为按我们的理解和咱们双方前期的沟通，这是一个为期半年左右的项目，现在刚开始一周，您就催着更新进度，是不是有什么我们不知道的原因？

孙处长：

怎么？我作为甲方主要负责人，想知道一下项目进度还需要什么理由吗？你们不正面回答我的问题，反而来问我，是不是因为你们还没开始做啊？我也知道，你们是大公司不愁业务，要真是没时间做我们这个项目，反正合同流程还没走完，我们完全可以换人！

王娟本来觉得自己的中性开场很客观，大家顺着理性讨论就好了，没想到又不小心踩到了孙处长的“情绪地雷”。没办法，王娟只能继续“扑火”：

孙处，如果我刚才说的话让您误会了，是我的错。我们理解这个项目对您来说非常重要，如果我是您，肯定也期待服务方能和您一样重视这件事。您是我们的老客户了，这个项目也是我们公司的大项目，所以您放心，我们是绝对重视的，您看看我们这个团队配置就知道了，连我们平时不怎么出来见客户的李总工都来了！

孙处长知道李总工是技术部门的一把手，现在很少参与具体的项目执行了，所以也能看出他们对这个项目的重视，但他仍然觉得需要让他们感觉到“压力”，从而让他们快点推进项目：

小王啊，你能请动李总工参与，在技术上我就放心了。但我更看重的是你们的行动，你们快点推进项目、做出成果才是真的重视这个项目。

王娟听得出来，孙处长还是在抱怨他们没好好推进项目，于是她用了“改造对话”的技巧，试图将孙处长的指责，引导到解决问题的讨论上去。她说道：

我特别赞同您的说法！这个项目比较复杂，涉及多家单位，需要咱们双方共同推进。从我们这边来说，目前按照进度，我们已经开始进行第一步收集信息的工作了，预计本周可以收齐，符合进度规划。但可能是因为我们在进度沟通这方面做得不好，让您担心了，这是我们目前没做好的地方。所以，我们今天过来也是想和您一起讨论一下，目前项目的整体进度规划是否符合您的预期？更重要的是，我们要定一下项目进度沟通的节点、频率和机制，让咱们双方都能及时掌握项目进展的情况，您觉得呢？

孙处长没有正面回答她，而是不冷不热地说：

原来你们自己也知道沟通做得不好啊！

王娟听得出来，孙处长的话里都是火药味！以她对孙处长的了解，如果只是因为他们没有及时汇报进度，孙处长是不会这么生气的，王娟敏锐地觉察到，这背后肯定还有其他原因，她猜想，这可能与小秦和其他单位的联系人沟通得不好有关系。

想到这儿，王娟有些怕了，不太敢接孙处长这个话茬儿。她觉得在和其他单位沟通上，他们确实有很大的问题，这是他们理亏，而且她自己也有直接责任。如果让孙处长当着骨干团队的面提出来，也会很没面子。她本不想接这个话题，但马上意识到，她已经进入“逃跑”模式了，这样对推进对话一点好处也没有。

因此，王娟迅速调用自我情绪管理的方法，让自己平复下来，告诉自己逃避是不能解决任何问题的。想到自己在沟通前已经为这件事预备了解决方案，她突然恢复了信心，觉得自己完全有能力应对孙处长的指责。当下要紧的是，如何处理孙处长的不满情绪。同时，她还需要启用“积极聆听”的技巧，引导孙处长把他的需求清楚明白地表达出来：

孙处长，我们在前一段的沟通中确实做得不够好，我们为此向您道歉。如果我是您，在项目开始执行时，就遇到这样的问题，也会感到很烦心。为了接下来能更顺畅地把项目做好，我们也想了解一下，您对于项目进度和项目沟通上有什么期待和指示？

孙处长看王娟并没有逃避问题，反而很坦诚地承担责任，心里的火气也平息了下来，终于开始正面回答她的问题：

你们的项目进度规划我看过，整体上是没有问题的，将来执行中还要看情况灵活调整。但你们的沟通真是个大问题，我希望你们能特别重视，尤其是你们和我的沟通。如果你们只是闷头执行，不和我沟通，一方面我不知道你们的进展，项目进行过程中有没有困难；另一方面，你们也不知道我这边有什么变化或者能给你们提供什么支持。就拿你们收集信息来说，第一，我们内部系统有个类似的模板，你们没有和我沟通就发了个新表格给下面的单位，他们一定会感到不理解，所以就不会很好地配合你们；第二，如果遇见有不配合的单位，你们可以让我帮你们去协调，但你们直接拿我的名号'压'人家就不合适了，虽然我们是上级单位，但我的职权也管不到他们，他们要是把这事儿捅到我的领导那儿，你让我怎么做？好在领导也理解，没多责怪，但问起项目进展，你让我怎么交代。你看看，这个项目涉及多少单位，你们只是觉得不好搞，可我在内部顶着的压力更大啊！

王娟听完，这才明白孙处长发火的原因。她没想到，收集信息这么件小事没沟通好，给孙处带来这么大麻烦。她赶紧跟孙处长道歉：

孙处，真对不起，没想到因为我们的沟通不到位，给您带来这么多麻烦，也谢谢您把这些告诉我们！这件事确实是我疏忽了，我没有把团队的沟通培训到位。接下来我会自己带着团队一起和这些单位的联系人沟通，当然，最重要的是多与您沟通。

孙处长：

这件事既然已经发生了，现在追究谁的责任已经不重要了。我上午已经帮你们跟各单位的联系人打了招呼，让他们这周按我们系统模版提交信息，你们最后汇总就行了。我跟你们合作这么多年了，你们应该知道，我不是那种为难供应商的人，我只希望我负责的项目能够顺利、高效地推进。

王娟没想到，孙处不但没责怪他们，还帮他们"善后"了，这让她对自己因为盲目自信导致的疏忽更加愧疚了。她突然觉得，现在的自己既不能辜负孙处的帮助和信任，也不能让团队因为她的疏忽而受到客户的责怪。所以，她必须要顶住压力，将对话往前推进，让大家（特别是孙处）知道，她能带领团队把这个项目做好。

于是，王娟打算启用"调动对方的积极情绪"的方法，来推进对话：

孙处，真的太感谢您了！多亏您在内部帮我们协调，不然对接这么多单位，对我们来说还真是个大挑战。说实话，我对这个失误感到非常愧疚，但我也知道，咱们都是向前看的人，只有把项目顺利推进下去，才能不辜负您的信任和支持。您看这样好不好，接下来，我们每周五下午会通过电话和您汇报当周的进度，也会沟通一下执行中的问题；到进度规划中的大节点时，我们团队会和您当面汇报，同时看一下后面的进度是否需要调整，差不多平均一个月一次；平时遇到什么问题，我们随时和您交流。您觉得这个沟通节奏可以吗？

孙处长听王娟那么认同他的工作价值，而且主动想办法推进项目，对她的态度非常满意：

我觉得这个节奏就很好嘛！咱们一起做项目的，你们不要总把我当领导，也别怕总打电话会打扰我。如果真是有事不说，酝酿出大问题，那才是给我添麻烦呢！

王娟：

有您这句话我们就放心了。谢谢孙处！

孙处长：

对了，你们要是觉得什么事都直接找我有压力，也可以找我们小朱，你们都认识的。

王娟：

没问题。那我们就不耽误您的时间了，我们会跟您保持沟通的！

孙处长：

好的，再见。

后来，按照和孙处长约定的沟通频率，王娟和团队顺利地完成了这次项目。也正是因为执行中的密切沟通，孙处长在他们难以推进的时候及时了解到困难，并提供了有力的支持。经过这次项目，王娟团队和孙处长的“革命友谊”更加深了。

行动建议

读完上述王娟与孙处长的案例之后，你会发现，整个对话虽然看上去很平和，但双方在情绪上“暗涛汹涌”，稍有不慎，对话就会崩盘。好在王娟和孙处长都是成熟的沟通者，尤其是王娟，在沟通中时刻维系着安全氛围，并配合应用高难度沟通模块中的各个技能，从而很好地实现了以下几点：

- 面对孙处长的指责与误解，冷静管理好自己的情绪；
- 敏锐觉察孙处长的情绪，时刻维护对话的安全氛围；
- 大方坦诚地与孙处长沟通，引导他说清需求与感受，同时利用中性表达、改造对话等技巧，推进对话，解决问题。

借由这个案例，我们希望你可以思考以下几个与自己密切相关的问题：

- 你与客户或供应商发生过高难度沟通吗？
- 在那次高难度沟通中，对方表现出了怎样的情绪？以什么样的形式表现的？
- 你认为这些情绪背后，藏着怎样的诉求？你该如何引导对方表达出来？
- 通过本书的学习，当你重新回顾你与客户或供应商的高难度沟通时，你觉得自己在哪些方面做得很好？哪些方面还需要提高？
- 未来，你希望自己重点提高哪些模块的能力，来避免与客户或供应商的高难度沟通，或者在经历高难度沟通时做得更好？

我们夫妻俩在与客户合作的过程中，经历过很多不愉快的高难度沟通，也推进过很多回想起来会感到暖心、兴奋的对话，因为在对话中，客户认可了我们的专业，也感受到了我们对他们发自内心的关爱，我们也因此获得了成长与尊敬。

我们也期待你能学会高难度沟通的技能，在面对冲突与不悦时，能有礼、有理、有力地推进对话，并与客户建立起长久的信任关系，为自己贡献持久的职场发展动力。

后记：怎样才能高效地学会沟通？

“老师，你们的理论我觉得很厉害，也很对。但我还是不知道该怎样入手去学沟通。”

2017 年，我们在北京的一次读书分享会之后，有一位男生提出了这个问题。而类似这样的问题，在我们这几年的各种咨询、分享中，也不断被学员问到。说起来，这是一个很尴尬的现象：上了十多年学，踏入职场开始工作后，最后却发现自己并不会“学习”。

因此，我们打算在本书的最后，给大家总结一篇关于如何学习沟通的文章。这篇文章的初稿，源于我们应“圈外同学”[①]商学院邀请做的一次在线分享。我们现在还记得，那是一个初冬的夜晚，在我们讲完这个“枯燥”的话题之后，线上同学的反应居然那么激烈。

① “圈外同学”是一家新型在线商学院，和国内外顶尖商学院教授合作，提供针对职场各个阶段人群的学习项目，培养职场超强个体和未来商业领导者。也是目前唯一和哈佛、INSEAD、中欧等商学院合作案例教学的教育公司。目前，我们的《高难度沟通》课，在其 L2 体系中，是学员学完后净推率最高的课程。

决定学习成功的三个条件

在学习这件事上，除了自律，还要坦诚——在主观上尊重学习的规律和原则。

如果不尊重学习的规律和原则，即使在学习上投入了很多，也拿不到最佳效果，还会遭受不尊重原则的惩罚：因为效果不好，开始怀疑知识本身；因为怀疑，动力与坚持开始动摇；因为没有动力，更加学不好。最后就形成了一个恶性循环，学与不学，效果一样，于是陷入了学习的困境。

那么，如何才能突破这个困境呢？首先，我们来看一下决定学习成功的三个条件：

- 东西本身对不对？
- 学习方法是否科学？
- 学习动力是否充足？

一、东西不对，不如不学

学任何东西，都需要时间与精力，甚至金钱的投入。当你学习一些新概念或新知识时，是否会怀疑它的正确性？比如，在沟通这个领域，有各种各样的理论与观点，有些甚至是截然不同的。这时，如何去判断你学的东西是对还是错呢？

别着急，要验证它是否正确，你可以从两个方面来看：

- 它背后是否有科学的理论依据
- 它是否在一个完备的体系框架之中

就拿本书在谈的高难度沟通来说，它既有国外学者很扎实的社会科学理论做基础，也有我们自己十多年来职场经历总结出的系统的“高情商金字塔”体系作为支持。书中还提到了掌握沟通所需要具备的很多技能，比如“强大的情绪管理能力”“高超的沟通表达技巧”“明智的分析选择功夫”以及“心”“口”“脑”三层能力。

高难度沟通，是完整情商的一部分

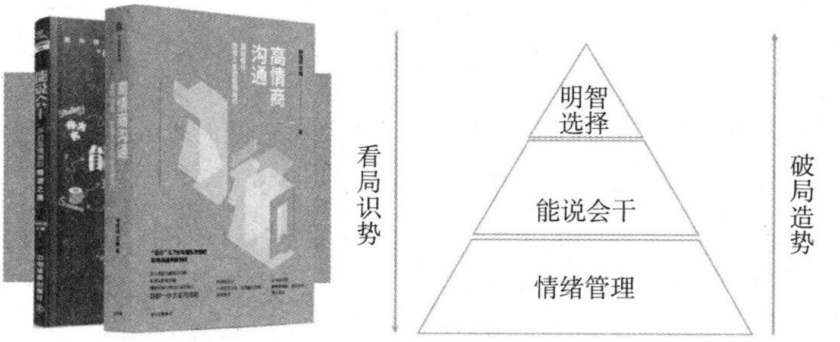

从上图可以看出，这三个层级环环相扣，又层层递进。很显然，

要练出高情商，需要在这三个层面下功夫。反过来，所有思维、沟通、处事的方法，如果离开这个逻辑，都是站不住脚的。

以高难度沟通这项技能来说，如果它脱离了“情绪管理”这一项，就是毫无意义的；又或者，如果它脱离了对解决问题过程中的思考与选择，那么，即使你的语言技巧很厉害，最后也无法解决问题。

二、学习方法不科学，再勤奋也是白费力

每个人都有自己的学习方法，有些效果好，有些效果差。可以说，学习的科学性及实践性，几乎直接决定了学习效果。

我们夫妻俩都是中文系出身，但现在做的却是商业咨询，同时，也开发了类似《高难度沟通》《谈判实战进阶课》这样的课程。无论是职业化方面的学习，还是在沟通专业上的学习，“学习”是我们十多年来一直没有停止过的事情。

那么，“学习”本身的规律究竟是什么呢？让我们回到心理学上对“学习”的定义。所谓学习，是基于经验，使行为（或行为潜能）发生相对一致变化的过程。[①] 这句话有些抽象，我们给大家提炼出三个关键点，它们分别是：

---

① 引自《心理学与生活》（第15版），第158页，人民邮电出版社，作者：理查德·格里格、菲利普·津巴多。

- 经验：吸收信息，做出行为上的反应，对环境产生影响
- 行为或行为潜能：做出行为（或有领悟后，未来改变了行为）
- 相对一致的变化：在不同情景下，都有一致表现

为了帮你更好理解这个科学规律，我们借用一下美国社会心理学家、教育家大卫·库伯曾提出的一个经验学习圈理论。他认为，经验学习的过程是一个4步的循环，包括具体经验、反思观察、抽象概括、付诸行动。参见下图：

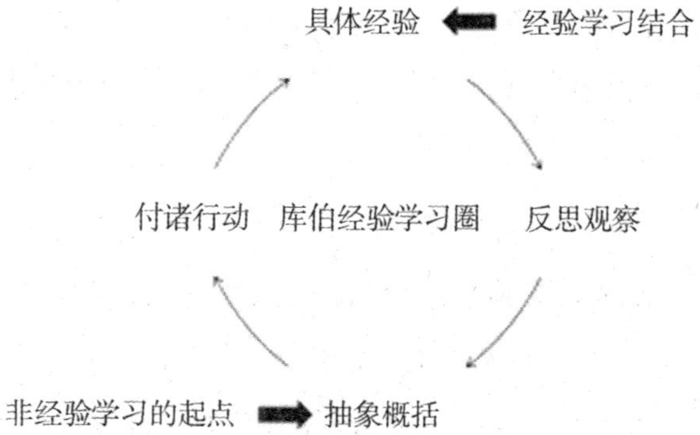

这张图最有价值的一点是，它提出了无论是经验学习（从自己的经验中总结提炼）还是非经验学习（看书、上课等），都遵循这样的循环规律，只是起点不一样。

这是什么意思呢？以沟通来说，如果你不学知识，只是靠自己在实践中摸索，在具体经验上实现成长，那就属于经验学习；而如

果你是先学习课或书，再在实践中提高，那就是非经验学习。

如果你是通过读书在学习高难度沟通，就是在走“非经验学习”的路子，它的起点是“抽象概括”，也就是你在书里学到很多抽象概念，比如中性表达法等。

放在这4步规律中，再结合学习的本质规律，你就会发现，如果你只是在心里、在笔头上琢磨这个词对不对，那句话是不是合适，它都不可能被学会。

当然，就像在序言里提到的那样，我们想借本书，给你呈现一个更长远的职场发展视角。因此，我们还是想帮你进一步提升一下。你会发现，你虽然是在学习高难度沟通这一具体的技能，但你的应用却非常广。无论是在生活中与另一半处理不同意见，还是在工作中化解各种冲突，你都可以应用这项技能。只不过有一点体会，我想分享给你：那就是你的应用场景，会随着你年龄的增长、职位的提升、阅历的扩展，越来越难。

在这样的背景下，你需要超脱于方法的智慧。以我们自己为例，当步入公司管理层，天天去处理各种冲突事件时，指引我们、给我们动力的，是“阳明心学”的“知行合一”。

简单分享一下我们对这个词的理解：什么叫“知”？知道“重要性”，不叫知；知道“怎么去做”，不叫知；做了之后，失败了，还是不叫“知”；做了，成功了，但你没有及时总结，仍然不叫知。

真正的知，是你知道要做，愿意去做，且实实在在地做过很多遍，同时在内心有思考、有总结，并且又基于这些总结，优化了自己的行为，那才能叫真正的“知”。

同样的，“行”也是一样的道理。不是你去练习、行动了就叫“行”，真正的行，是你练了很多遍，并且不断总结、改正，形成深刻、务实的理解，能一直驱动自己去做，那才叫行。

我们不妨用我们最敬重的思想大师之一柯维（Stephen R. Covey）老先生的话来结束这个部分，他说：“To learn and not to do is really not to learn. To know and not to do is really not to know.”（学而不用，非真学也；知而不做，非真知也。）希望能对大家练习高难度沟通有用，也对你在未来人生成长路上的各种学习有用。

三、学习动力不充足，你就有 100 个偷懒的借口

除了学习的内容与方法，学习的动力也是影响“学习”的重要因素。举个例子，以下哪种情况最能激励你想去学“高难度沟通”？

- 场景一：因为自己实力不够，有一天当众被现实扇耳光，比如，被领导骂，或因为沟通能力欠缺丢了工作，失去女友
- 场景二：深信只要自己好好学，将来一定能妥妥升职加薪，前途大好

要想激发自己的动力，最有效的方式就是“刺激”。巴甫洛夫条件反射实验中的狗，之所以在听到铃声时就会馋得流口水，就是因为在铃声与喂食这两件事儿上，存在着可预期的刺激及信号。

人也如此，只不过，我们要深入理解到底怎样的刺激，才能有效地让人采取行动。在这里，我们想给你介绍一个心理学概念，叫强化物，也就是让你产生某种行为的刺激。在心理学中，有两类强化物，分别是正强化与负强化。

什么叫正强化呢？比如，以高难度沟通为例，一旦你学会了它，在会议上发生冲突时，你很好地解决了冲突，得到了领导的认可，你自己获得了成就感，这就叫正强化。什么叫负强化呢？比如，你在会议上没能处理好沟通问题，被领导骂了一顿，你很委屈、惭愧。

增加正负两方面的强化，才能更好地提升学习动力。

在学习动力上，还有一个概念，可以帮你激发动力，那就是科学地做白日梦，增加你的想象力。靠想象就能完成练习？这靠谱吗？我们不妨来看一个科学的研究。

在认知神经心理学研究中有一个发现，就是人在意识层面的想象，能产生同样的生理反应。比如，你想到明天要与老板提加薪的事，就会紧张、心跳加速、手心出汗等，这些反应与你现场交流时产生的身体反应是一样的。

现在，你可以跟我们一起做一个小游戏：先深呼吸一下，然后回顾一下这么多年来，你觉得自己最失败的一次人际关系，再想象一下当时的沟通场景。你发现你是否有一些身体反映？同样的，也请想象一下自己觉得最成功、最有成就感的事情，里面的沟通状态是怎样的？你又有哪些身体与情绪反应？

在高难度沟通练习中，很多场景你平时并没有机会提前演练，比如与自己的领导进行高难度对话。我会想象双方观点是多么不一致，领导的情绪有多大，我能感受到自己想象时同样心跳加快、面红发烫，但是，当我想象自己能用高难度沟通中的心态与技巧顺畅解决问题时，我就会无比的自信与平静。

对高难度沟通的练习来说，这无疑是一个很棒的机会。你可以通过想象，来创造更多类似的练习场景，同时，你也可以通过想象自己在运用某个具体的技巧后产生的效果，在心里享受正向的感觉强化，最终形成你的能力。

总的来说，当你用正确的方法去系统学习正确的知识，同时通过增强正反两方面的刺激，提高学习动力，你离“学成”就不远了。剩下的一小段路，你只需要搭好梯子去练习就行了。

搭好梯子，掌握“看不见的能力”的看得见的习得路径

不知道你发现没有，所有的成长，无论是升职加薪，还是掌握某项技能，本质上都是由一系列小的成长累积起来的。

我们想给你分享一个案例[①]：

2002 年，当戴夫·布雷斯福德爵士（Sir Dave Brailsford）成为英国自行车运动的负责人时，该车队几乎没有任何成功的记录。英国自行车运动在其 76 年的历史中只获得了一枚金牌。在戴夫爵士的领导下，情况很快改变了。在 2008 年北京奥运会上，他的车队赢得了 10 枚场地自行车赛金牌中的 7 枚，四年后伦敦奥运会的成绩与其相当。戴夫爵士现在领导着英国有史以来第一支职业自行车队，该队在过去四次环法自行车赛中赢得了三次冠军。

很多人不禁好奇：戴夫究竟做了什么，能让英国自行车队在短期内取得那么好的成绩呢？

戴夫是一位拥有工商管理硕士学位的前职业自行车手，他将“边

① 案例来源：《哈佛商业评论》，2015 年 10 月。

际收益理论”应用于自行车运动。他打赌，如果车队把他们能想到的一切都分解成自行车比赛的一部分，然后将每一个元素提高 1%，他们的表现就会显著提高。

说起来，戴夫使用的方法本身并不复杂，就是把你想做的这件事的方方面面都提高 1%。所谓边际收益，是指那些看上去不起眼的要素所带来的收益。所谓边际收益最大化，是指那些看上去不起眼的小的改进所带来的效益累积起来产生的巨大变化。比如，车手的营养、车座的角度，轮胎的重量等等。戴夫和他的团队在很多别人忽视的地方下了很大功夫。

说完这个案例，我们不妨再拔高来看一个概念，那就是“复利思维”。这个概念可能很多人听过，但我们先不探讨金钱投资领域的复利思维，只说能力学习上的复利思维。

有这样一个公式：

$$1.01^{365}=37.78$$

$$0.99^{365}=0.03$$

它很形象地描述了你每天提升一点或每天倒退一点在 365 天之后的差距。你会发现，每次精进一点点，威力无穷；每次懒惰一点点，贻害无穷。

大部分人忽视的那 1% 的差距，每天都在造就着不同的人生结局。

在练习高难度沟通时同样如此。佳伟自己练习“中性表达”这个技巧，前后持续了三个多月，并且练习的场景涵盖了从与不好相处的同事的沟通，到要求多变的客户，再到不同风格的中国及国外领导们。虽然一开始会有些不自然，甚至会结巴，到慢慢地修正每一次做得不到位的地方，到现在，无论是在什么场景下，“中性表达”法，已经是我的一个习惯。无论是发微信时，还是口头交流时。

同样一段话，你尝试性地在实际中去讲一次，然后就再也不用，与你持续性地练习三十次，甚至上百次，你的水平将会有天壤之别。

你也许会想：那我可要真的多努力，多看几遍书，或多听几遍课，认真做笔记。这样的态度固然很好，但效果却不一定好。为什么呢？因为真正有效果的练习，有一些客观规律。比如，大家都知道的“刻意练习”。真正的刻意练习，它是经过特意设计的、需要不断重复的、能够及时拿到反馈、并且有时候就是有些枯燥的。

我们不妨来看一个高难度沟通的应用实例：

“谢谢张总把心里话告诉我，这是我第一次了解到在您眼中我是怎样做事的。同时，我也为我之前的行为给您带来的困扰先说声对不起。我现在知道，独立做好工作，可能在您眼中是不够的。
我并不想为过去的行为与您争论，但我的确想在未来做得更好，与您一起把咱们部门的工作落实下去。而在这个过程中，一定会涉及到我与您的合作。既然是合作，就是双向的，您觉得我该怎么提升，才能更好地配合您的工作？同时，我也想了解在这个过程中，您可以怎样帮我，才能让我更好、更及时地了解自己，从而支持您工作？”

这段话是我们从“圈外同学”商学院 L2 级中的《高难度沟通》课程中摘录出来的，整体来说，它已经是高难度沟通应用中较难的实际应用了。你不妨思考一下：假设你特别用功地把这段话背了下来，请问在实际与老板谈升职加薪的现场，自己能实时地脱口而出吗？大概率是不能。

为什么呢？因为它涉及到识别对方情绪、管理安全氛围、管理沟通目标、改写对话，变指责为归责等多项技能。每一项技能，你都要经历多次的操练，才能单独掌握。一旦要操练，无论是真的找到类似机会，在现实中练，还是你通过想象来练，它都要求你要刻意、重复去练。同时，你还要及时地拿到反馈，知道自己做得好不好。谁能给你反馈呢？你的老板可以，你的教练也可以。你可以想象，说出这一段话背后，需要多少的刻意练习。

举个例子，如果你想联系课程中“为对方情绪泄洪”的方法，该怎么进行刻意练习呢？你可以按下面的这个清单来做：

- ◆发现问题：不知道在高难度沟通时怎么让对方冷静下来
- ◆确定目标：学习通过说一些特定的话，让对方冷静下来
- ◆学习方法和例句：通过看书、听课或向身边的前辈、教练请教等，来学习相关的方法
- ◆练习和模仿：反复对镜子或空气练习例句（比如“对不起，如果我刚才的话让你 ×× 了，我向你道歉”）直到能脱口而出
- ◆在日常中实践：遇到这样的情形，马上使用方法和例句
- ◆复盘，总结效果，找到关键突破点，形成经验，优化方法和例句：
  - · 自己总结：在说的过程中，我哪里做得好，哪里要加强？
  - · 对方反馈：当我说出来之后，对方的反应是不是像我预期的那样？差距在哪里？为什么？
  - · 教练评估：总结出问题，向教练或前辈如何优化和提高
- ◆重复前面的练习－使用－复盘过程，直至能成功掌握技巧，并在使用时能灵活变通

当然，它困难，并不是说现实中做不到。我们夫妻俩，最开始

都不是特别会说话的，但在练习中，我们摸索出一个知行合一闭环系统。

简单说来，要想在现实中学习像高难度沟通这样的能力，你至少要在这四步上循环好几遍：

- 了解高情商整体的理念
- 学习某项具体的应用技巧
- 抓住日常机会重复练习
- 在操练中反思、请教、提高

如何在沟通学习上，使用刻意练习？

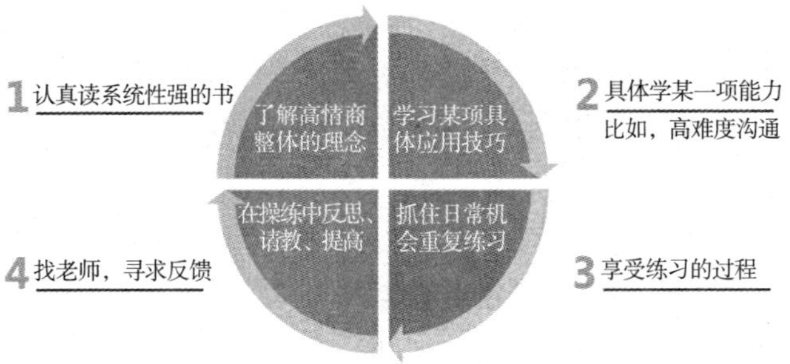

这是一个典型的刻意练习过程。具体怎么做呢？中国有句老话叫“三人行必有我师”。在练习沟通这个过程中，你也可以给自己找到四位老师：

- 第一位老师，是深谙理论的大师，大师的理论和体系化的书籍传递着数百年来不变的人类智慧
- 第二位老师，是实战派的行家，能够上手就用的实操课程让你能够对不同的情境灵活应变
- 第三位老师，就是你日常沟通的每一个对手，把你每一次的日常沟通都作为“沟通的修道场”，尊重和你沟通的每一位对手
- 第四位老师，就是一个你身边的沟通教练，寻找一位你身边最会沟通的人，邀请他成为你的沟通教练，向他复盘你的沟通过程，需求他的沟通反馈

如果你找不到这样四位老师，你也许可以考虑一下我们：在这个系统中，我们俩做了什么呢？基本上，我们借力出版，圈外同学、在行等平台，逐渐打通了理念、技巧与日常答疑解惑这三步。对此，我们非常感谢一直支持我们的平台，也想与你分享一下我们具体做了哪些工作。

- 如果你想了解理念，最好的方式是读有用的、基于实践的书。沟通领域里，有很多很经典的书，你可以通过本书的脚注中发现。我们自己也一直在尝试写作基于实践的书。比如，

2017 年，我们应中信出版社的之邀，出版了《高情商沟通：赢取信任、改变人生的说话技巧》一书。与我们的第一本书《能说会干：开启高情商的精进之路》相比，这本书细细拆解了高情商在沟通领域的应用。而你看到这本《高难度沟通》，则是基于“高情商金字塔”这个框架，呈现了在高难度“说”这个层面上的具体应用

- 如果你想学技巧？最直接的方法是听实操课。比如，我们之前打磨情商应用的高阶内容《高难度沟通》（圈外同学）、《谈判实战进阶课》（在行）、《高情商沟通的 21 个法则》（插座学院）。这里的技巧，细化到每一个开场白、转折、收尾怎么说，可以让你上手就用
- 如果你想在日常学习中，针对某个具体问题深入地答疑解惑？最好的方法就是找到有实践经验的老师或前辈进行请教。比如，我们在“在行” 上的一对一咨询，是在行商务沟通领域中排名第一的“行家”

分享上述我们已经在做的东西，并不是想告诉你我们夫妻俩已经做得有多么好，相反地，我们只是想告诉你，我们自己也和你一样，在高效沟通这条道路上，持续摸索，保持学习。

在本书最后，我们想分享八个字给大家，它是我们的座右铭，

也是我们在中央民族大学上学时的校训，那就是“美美与共，知行合一”。我们祝愿你在今后的沟通学习中，能做到知行合一，通过行动与练习，将“高难度沟通”变成习惯、变成你本能的思维模式，在解决沟通冲突的同时，也能与你的受众成为朋友，建立信任，实现真正的“美美与共”。

我们也希望，每一位抱有谦虚学习之心的小伙伴，能够享受科学学习的过程，并在练习中实现成长！感谢你的坚持，期待你的成就！

附录1：高难度沟通练习工具速览

1. 高情商金字塔（第一部分，第二章）

2. 信任度公式（第二部分，模块一）

3. 需求四象限图（第二部分，模块一）

4. 球形影响链（第二部分，模块一）

5. 沟通目标拆解与行动表（第二部分，模块一）

6. 动态目标锁定法（第二部分，模块一）

7. 情绪发生机制（第二部分，模块二）

8. “让自己情绪听话”三步法（第二部分，模块二）

9. 表达情绪三步法（第二部分，模块二）

10. 帮对方的情绪快速“泄洪”（第二部分，模块三）

11. 用“照镜子法”认可对方情绪（第二部分，模块三）

12. 情感需求及机会评估表（第二部分，模块四）

13. 引导对方转换角色表（第二部分，模块四）

14. 中性表达三步法（第二部分，模块五）

15. 三合一积极聆听法（第二部分，模块五）

16. 变“指责”为“归责”四步法（第二部分，模块五）

17. 改造对话四步法（第二部分，模块五）

附录 2：职场典型高难度沟通核心案例索引

本书为你呈现了源自现实职场的十六大案例，涵盖了你在工作中可能会碰到的对内、对外，对上、对下职场关系中常见的高难度沟通，可用作平时自己需要参考、回顾时的快速索引。同时，在讲解每一个理念或方法时，我们还呈现了其他几十个小例子，方便你更好地结合自己的现实工作环境，加深对这些知识的理解。

1. 和工作表现不好的下属沟通问题（第一部分，第二章，情绪管理）

2. 客户要求反复修改方案（第二部分，模块一）

3. 领导把不靠谱的同事推给自己带（第二部分，模块二）

4. 下属质问上司为什么不给自己涨工资（第二部分，模块二）

5. 对推荐的人选不满意，与 HR“理论”（第二部分，模块三）

6. 与着急焦虑的客户沟通项目进展（第二部分，模块三）

7. 合作部门不配合工作（第二部分，模块四）

8. 与领导沟通“专业”却得罪了“不专业”的领导（第二部分，模块四）

9. 说服不愿改变的老员工调整工作内容（第二部分，模块四）

10. 项目进度出了问题，被客户“甩锅”（第二部分，模块五）

11. 客户要求超过预算范围的资源（第二部分，模块五）

12. 好心帮忙却被下属误解（第二部分，模块五）

13. 了解老板善变的心思（第三部分，案例一）

14. 带好“管不了”的下属（第三部分，案例二）

15. 催与自己部门不和的跨部门同事干活（第三部分，案例三）

16. 与气头上的客户沟通误解（第三部分，案例四）